Sé positiva

Sue Patton Thoele

Sé positiva
Meditaciones para confiar en nosotros y aceptarnos

Traducción de Aina Alcover

CONARI PRESS

Printed in Spain.

Portada de Maria Delores Alcalá
Traducción de Aina Alcover
Título original: The Woman's Book of Confidence:
Meditations for Trusting and Accepting Ourselves.

ISBN 0-943233-95-X

Library of Congress Cataloging-in-Publication Data

Thoele, Sue Patton
        [Woman's book of confidence Spanish]
Sé positiva: meditaciones para convertirte en la
mejor amiga de ti misma / Sue Patton Thoele.
                p.   cm.
Originally published: Barcelona: Ediciones Robinbook,
© 1994
        ISBN 0-943233-95-X (trade paper): $10.95
    1. Women–Conduct of life–Meditations
    2. Women–Psychology–Meditations.   I. Title.
    BJ1610.T4518   1992
    158'.12–dc20   94-32199

*Dedico este libro en primer lugar a Gene, mi marido,
la persona que más me ha apoyado.
También lo dedico a nuestros hijos,
Paige, Brett, Mike y Lynnie,
que han sido una bendición en nuestra vida.
Y a Bonnie Hampton, mi amiga del alma.*

Agradecimientos

Ante todo, quisiera expresar mi gratitud a los invisibles animadores, a quienes he sentido a mi lado cuando escribía, animándome a seguir. Quisiera dar las gracias a mis editoras, Mary Jane y Julie; gracias a su amable orientación y su confianza en mí, el escribir se ha convertido en una alegría y un privilegio. Estoy profundamente agradecida hacia Gene, mi mejor amigo, por su constante apoyo y sus necesitados abrazos, especialmente cuando el genio del ordenador empieza a gastar sus temidas bromas.

Los amigos y familiares de los que recibí apoyo y amor son tantos que no puedo mencionarlos a todos, ¡pero sabéis quién sóis, y lo mucho que os quiero!

Por los puntos de vista que me han proporcionado, también deseo expresar mi agradecimiento a todos los escritores de los que reproduzco sus palabras. Y quiero dar especialmente las gracias a todas las mujeres cuyos relatos he compartido en estas páginas. Sus recorridos para aceptarse y tener más confianza en sí mismas, son para mí una constante fuente de admiración e inspiración.

Introducción

Si bien a las mujeres les resulta fácil creer en el talento, la capacidad y las cualidades de los demás, a menudo les resulta difícil reconocerlo en ellas. Generalmente sabemos infundir confianza a los demás, pero a veces nos cuesta mantener la confianza en nosotras. Si por un lado estamos prontas a animar a un amigo o un familiar que esté dolido, física o emocionalmente, por desgracia estamos igual de predispuestas a castigarnos o criticarnos por sentimientos o actitudes que no sean completamente maravillosas. Con frecuencia ofrecemos consuelo a los demás, mientras que para nosotras no tenemos más que censuras.

El hábito de minar nuestra confianza siendo duras con nosotras obedece a diversas causas. Una reside en que probablemente no recibimos el apoyo y el ánimo que necesitábamos cuando crecimos y por ello pensamos que ahora no lo merecemos. Otra es la creencia de que *merecemos* ser guiadas por algún implacable supervisor; por alguna razón desconocida no somos tan buenas como debiéramos, no estamos a la altura, y por tanto, *nos ganamos* nuestra crítica.

Ninguna conclusión es sana ni infunde confianza;

es probable que ninguna sea cierta. A lo largo de mi vida, sobre todo en el ejercicio de mi profesión, he conocido a miles de mujeres; la mayoría de ellas sale adelante en su vida no sólo con amor sino incluso heroicamente, y además buscan constantemente la manera de hacerlo mejor. Ellas y todas nosotras, merecemos y necesitamos la serenidad que da la autoaceptación y la comprensión, no la desaprobación ni la condena.

Si sabemos apoyarnos emocionalmente a través de la autoaceptación e infundirnos ánimo, podemos alcanzar una profunda relación interior. Podemos comparar esa relación con un invernadero en el que se procura mantener las condiciones idóneas para propiciar el crecimiento de las delicadas semillas. En la suave y agradable atmósfera de un invernadero bien cuidado, las plantas y las flores maduran en su belleza natural. También así podemos florecer con nuestro amable y amoroso cuidado.

Si el invernadero emocional que nos proporcionamos no nos sostiene en momentos difíciles ni mejora nuestras vidas en los buenos momentos, podemos cambiarlo. Aprendamos a crearnos un cómodo ambiente de genuino amor y aceptación, que acreciente nuestra confianza y nos anime a florecer en nuestro amplio potencial de belleza y servicio.

Me gustaría que *Sé positiva* se convierta en un acogedor invernadero para la lectora, un lugar tranquilo en el que pueda reconciliarse consigo misma. Espero que los verídicos relatos y las meditaciones de estas páginas le sirvan para animarse a confiar en su propia belleza tal como es *ahora*, no como quisiera ser o como *los demás* piensan que debería ser.

Al igual que la mayoría, he tenido que llevar una constante lucha para adquirir y afianzar la confianza en mí misma. Sólo aprendiendo a tratarme con amor, convirtiéndome en una buena amiga mía a la que acepto, he sido capaz de valorarme. Los sentimientos de valoración aumentan inevitablemente la confianza. Aunque a veces es arduo ponerlas en práctica, las meditaciones guiadas y las afirmaciones –como las que se encuentran en este libro– son eficaces instrumentos para sacarnos del negro pozo de la carencia de autoestima.

Hay muchas maneras de utilizar este libro. Puedes emplearlo como una guía de autodescubrimiento, leyendo un apartado y escribiendo en un diario lo que descubres de ti, hasta que sientas que has asimilado lo que ofrece esa sección. Luego puedes pasar al siguiente apartado. O quizá prefieras leer el índice y dejarte guiar día a día por los títulos que te «digan algo».

Otra eficaz manera de favorecer el crecimiento personal es considerando las ideas y meditaciones del libro con otros miembros de un grupo de apoyo establecido.

Compartir íntima y honestamente las experiencias y los sentimientos con otras mujeres puede fomentar considerablemente la confianza en nosotras y aliviarnos en lo más profundo de nuestro ser.

Si nos convertimos en nuestra apreciada y cálida amiga, y desarrollamos nuestras íntimas características interiores, adquiriremos seguridad en nosotras. La habilidad para estar más dispuestas para los demás surge de la seguridad que instintivamente creamos para nosotras. La capacidad para aliviarnos y apoyarnos emocionalmente nos da el deseo y la energía de amar y servir a los demás, no tanto como una obligación, sino como una cuestión de bienestar personal. Es una equivocación que nos consideremos egoístas si nos centramos en nosotras, animándonos y apoyándonos. Si queremos aligerar la carga de nuestros hijos, de nuestros hermanos y del planeta, primero debemos aligerar nuestra carga y reparar nuestras propias fisuras. El amor y la aceptación son las mejores curas que existen.

Si tenemos la valentía de excavar la inmensa riqueza de nuestro interior, descubriremos que es posible confiar en nuestra sabiduría y bondad innatas. Desde un corazón rebosante de aceptación y respeto por sí mismo podremos aliviar, apoyar y aceptar más fácilmente a los demás. Que haya paz en la Madre Tierra, y permitamos que también brote de nuestros corazones.

1. Tejer una red de seguridad

La mujer no debe depender de la protección del hombre, sino que se le debe enseñar a protegerse por sí misma.

Susan Brownell Anthony

Las mujeres somos increíbles. Nuestras vidas raras veces siguen una trayectoria recta. Nuestra existencia suele estar plagada de diferentes y, a menudo, inesperados acontecimientos que nos salen al paso. Los sociólogos dicen que las mujeres, puesto que prestan atención a muchas cosas a la vez, somos de mente múltiple y tenemos una gran facilidad para adaptarnos a los cambios. Esto lo sabe cualquiera que haya pasado por una maternidad, una profesión, una educación, múltiples relaciones significativas, el cuidado de una casa y el crecimiento personal.

Mientras manejamos la trama de nuestras variadas vidas, tenemos que contar con sólidas redes de seguridad. Cuando se nos pide algo que supera nuestra energía, tenemos que saber cómo encontrar la necesaria para seguir luchando.

Hay muchas maneras de tejernos una red de apoyo, como aprender a comprender y respetar nuestras necesidades, pedir ayuda y abolir la culpa. Espero que la siguiente sección te proporcione sólidas fibras para elaborar una duradera red que te alivie y sostenga cuándo lo necesites.

Compartir raíces

En un reciente viaje por la costa de California y Oregón, los majestuosos secuoyas me enseñaron una valiosa lección sobre apoyo mutuo. A medida que crecen, estos árboles incorporan a su estructura básica piedras u otros árboles que están a su alcance. A pesar de que los secuoyas tienen raíces poco profundas, destacan por su fuerza y longevidad, que se debe a que comparten sus raíces con otros. Cada árbol es atraído hacia el conjunto y, a su vez, ayuda a sostenerse a todo el grupo. Diríase que esa adaptación es eficaz, pues los secuoyas son de los seres vivos más antiguos de la tierra.

Para sobrevivir y salir adelante nosotras también debemos aprender a compartir nuestras raíces con los demás, pedirles ánimo y apoyo cuando lo necesitamos y estar preparadas para darlo a quien nos lo pide.

Eve, una madre soltera, se planteaba si debía retomar sus estudios. Durante semanas no se atrevió a consultarlo con nadie por miedo a parecer inmadura y desvalida. Pero cuando finalmente se atrevió a hablar con varias mujeres que habían vuelto a estudiar, éstas la animaron y apoyaron, es decir, la incluyeron en su entramado de raíces. Después de comentarlo con ellas, empezó a despejar sus dudas sobre lo que tenía que hacer. Al tener la valentía de pedir ayuda, Eve no sólo puso fin a su confusión, sino que encontró un grupo de ayuda que comprendió sus circunstancias.

Cuando creamos sistemas de ayuda debemos poder confiar en que las personas a las que elegimos para compartir nuestros sentimientos sabrán responder a tal honor. La mejor manera de averiguar si una persona es indicada para que depositemos en ella nuestra confianza es prestando atención a los sentimientos cuando hablamos con ella. Si nos sentimos tranquilas y comprendidas es que probablemente hemos encontrado un bosquecillo de secuoyas de pensamiento similar.

Al compartir nuestras raíces de compasión y apoyo, las mujeres, como los secuoyas, creamos una red de seguridad en la que el todo es mayor que la suma de las partes.

Tengo el valor de pedir ayuda
cuando la necesito.
Estoy dispuesta a ayudar a los demás
cuando lo necesiten.

Suprimir la culpa

Las mujeres a menudo se atormentan con sentimientos de culpa. Hace poco me enteré de algo interesante: en inglés, la palabra «culpa» (*guilt*) tiene unas connotaciones de criminalidad, de infamia, que no se dan en otra lengua germánica o indoeuropea. Los anglohablantes tenemos que seguir la orientación de esas culturas y eliminar el término culpa y los sentimentos de culpa de nuestras vidas.

Sentirse culpable se convierte en un hábito cuando nos han condicionado a responsabilizarnos demasiado de las conductas y actitudes propias y ajenas. Millie, una cliente que sobrepasaba la cincuentena, vino a verme porque casi siempre se sentía deprimida. A medida que hablamos se hizo evidente que Millie era una Esponja de Responsabilidad que absorbía los fallos de todo el mundo. Cuando hablábamos de su hijo de 31 años, parado, Millie suspiró varias veces y dijo: «Me pregunto en qué he fallado». Le pregunté por qué era la responsable de que su hijo no trabajase. Me miró con sorpresa y dijo: «Porque soy su madre».

Al analizar el pasado de Millie, apareció una estructura familiar basada en la culpa y la vergüenza, ante la que Millie reaccionó cogiendo la costumbre de asumir responsabilidades por todo y por todos a su alrededor. Puesto que, como le ocurre a todo el mundo, sólo dependen de ella sus propios actos, y no los de los demás, se desanimaba y deprimía. Millie decidió eliminar la culpa de su vida aplicando la siguiente técnica.

Cuando te sientas culpable, házte estas preguntas: ¿Qué he hecho realmente para sentirme culpable? (Si hay algo concreto, decide si puedes rectificarlo y, en tal caso, cómo) ¿Por qué soy responsable de eso? ¿Ese sentimiento y esa circunstancia me recuerdan un esquema de mi familia? ¿Quiero seguir sintiéndome culpable al respecto?

Si la respuesta a la última pregunta es no, coge una hoja de papel y escribe de qué te sientes culpable. Ahora, con el rotulador más grande y rojo que tengas, táchalo, elimínalo. Si sigues encontrándote empantanada en la culpa recuerda esta frase: «Culpa es una palabra y un sentimiento que elimino de mi vida».

> *Me doy permiso para borrar la culpa*
> *de mi vocabulario y de mi vida.*
> *Tengo la valentía de aceptar la*
> *responsabilidad adecuadamente.*

Identificar nuestra forma
de tratar los problemas

Todo el mundo tiene su propio estilo para solventar algo creativamente. Algunas personas, como yo, hablamos de nuestras dificultades y, el hecho de explicitarlas con palabras, nos ayuda a encontrar la forma de afrontar la situación y los sentimientos resultantes. Otras se sienten más capaces de pensar y solucionar las cosas reflexionando a solas. Con frecuencia se dan casos de personas que mantienen estrechas relaciones entre sí y que tienen diferentes formas de reaccionar ante los problemas, y eso puede hacer que cada una sienta que la otra se equivoca. En esos momentos debemos tener presente que, siempre que lo hagamos constructivamente, todos tenemos derecho a actuar de la forma que nos resulte más natural.

Cuando Blair se siente confundida o herida, necesita decir las cosas para formarse una saludable perspectiva de lo que dice, mientras que su querida amiga Marilyn es una persona que prefiere solucionar las cosas a solas. Blair solía agujerear su red de seguridad personal comparando su estilo con el de Marilyn. Pensaba que Marilyn era fuerte mientras que ella era una débil llorona, y que su amiga tenía una actitud más inteligente y sana porque no parecía necesitar que la ayudaran a solucionar las cosas. Aquí lo que hay que destacar es que Blair tenía miedo de que Marilyn se cansase de escucharla y se enfadase con ella.

Sugerí a Blair que hiciese honor a su estilo comentando sus sentimientos a Marilyn. Cuando lo hizo, Blair vió que Marilyn aceptaba y disfrutaba con su necesidad de hablar y que, además, lo que aprendía de esos comentarios le servía para incorporarlo a sus solitarias reflexiones y solventar antes sus propios problemas.

Es importante que nos apoyemos emocionalmente aceptando y confiando en nuestro estilo para solventar los problemas, y seamos conscientes de que ninguno es mejor que los demás y debemos seguir el nuestro.

> *Trato creativamente mis problemas.*
> *Reconozco y sigo mi propio estilo*
> *para solventar las cosas.*
> *Tengo derecho a seguir mi peculiar estilo*
> *de afrontar los problemas.*

Mimarnos

Cuando pregunto a algunas clientas que parecen ago-
tadas cómo se miman, muchas de ellas responden in-
comprensiblemente, como si no les hablase en su lengua. A la mayoría mimar nos suena a cosa de pañales
o a lo que hacemos por los demás. La idea de cuidarnos nos resulta un concepto extraño; si se nos pasa esa
idea por la cabeza, la desechamos porque nos parece
que es malcriarnos o ser egoístas. Después de todo,
somos más veces dadoras que receptoras.

Sarah, una mujer adicta al trabajo, estaba casada
con un hombre que se comportaba como un niño frente a las responsabilidades de la casa. Cuando se decidió a buscar ayuda Sarah era, según sus propias palabras, «una iracunda y escandalosa bruja». Su actitud
malhumorada se debía a que era el único adulto de la
familia que trabajaba y además se ocupaba de la casa
y del cuidado de los niños. Sarah, tratando de hacer
cambiar a su marido, se descuidó por completo de sí
misma, y se deshizo su red de seguridad emocional.
Tenía los nervios a punto de estallar y su frustración le
producía agresividad.

La animé a que dejase de trabajar tanto para él y

empezase a cuidar *de sí misma*, con lo que ambos podrían darse cuenta de que valía la pena cuidar de ella. Sarah tuvo que hacer un tremendo esfuerzo para cambiar; empezó dedicando una hora a la semana para hacer lo que más le apeteciera.

Con el tiempo se dió cuenta de que era mejor madre, trabajadora y esposa cuando se mimaba un poco cada día. Ahora puede cuidarse con pequeñas cosas, como decir no cuando lo siente así, y cosas más grandes, como hacer un viaje para el que había ahorrado dinero. Sus niños pronto se adaptaron, y aceptaron y aprendieron de su madre la capacidad para sostenerse. Incluso su marido está cambiando un poco. Y lo esencial es que Sarah está más contenta y saludable.

Incluye en tu red de seguridad una pauta para cuidarte. Haz una lista de distintas cosas con las que te gustaría mimarte y luego, poco a poco, empieza a cuidarte. ¡Te sentirás mejor!

> *Tengo la valentía de mimarme.*
> *Merezco recibir y vale la pena dar.*
> *Cuidarme es algo muy sano.*

Observar las señales físicas

Ruth, una asistente social, trataba de ignorar su enfermedad. Gracias a su formación, sabía que probablemente había una razón psicológica para ser tan enfermiza, pero buscar la causa la asustaba tanto que prefería hacer caso omiso de las señales de su cuerpo. Sólo después de dos experiencias cercanas a la muerte y de muchos años de dolor y frustraciones Ruth se dio cuenta de que si quería vivir tenía que observar qué trataba de decirle el cuerpo.

Cuando finalmente decidió explorar su oculto dolor emocional, aunque siempre había sido una persona muy reservada, Ruth se permitió pedir a algunos amigos y familiares apoyo y ánimos. La raíz de su mala salud resultó ser su angustia por su desequilibrado matrimonio. Desde que encaró esos sentimientos y los dirigió de forma creativa, Ruth se recuperó prácticamente del todo.

El cuerpo nos ha sido dado como un milagroso vehículo de la conciencia, y tenemos el sagrado deber de apreciarlo y cuidarlo. Somos los únicos que tenemos el privilegio de tener acceso a la información que nos da el cuerpo. Sólo nosotros podemos crear una red de seguridad de salud personal y bienestar siguiendo las claves de nuestro sabio y merecido cuerpo.

Siéntate, con tranquilidad, y cierra los ojos; agradece a tu cuerpo su sabiduría y la manera en que te sirve. Bendice tu cuerpo, especialmente las zonas en las que sientas alguna molestia. Con toda la fuerza que puedas, centra la atención en la zona donde sientas algún dolor o tengas una enfermedad y pregúntale qué necesita para sentir alivio. Abre tu corazón y tu mente para reconocer y actuar según las claves que te dé el cuerpo.

Animo mi cuerpo escuchando su sabiduría.
Honro y cuido mi maravilloso cuerpo
reconociendo las señales que me da.
Tengo la valentía de explorar
las causas psicológicas de mi enfermedad.

Moderar a nuestra perfeccionista

El problema que implica ser perfeccionista es que todo lo que no sea perfecto desagrada. Puesto que los momentos perfectos, mágicos, de la vida son escasos y, en cambio, abundan los momentos más o menos mediocres, un perfeccionista sólo es momentáneamente feliz, lo cual resulta bastante tedioso.

Si reconocemos *que no se dan* las personas perfectas, las relaciones perfectas ni las acciones perfectas, seremos más felices en nuestra vida cotidiana.

Antes, a una parte de mí la llamaba Señora Perfecta. Cuando la visualizaba era alta, delgada, más tiesa que un palo y con el pelo severamente recogido. Llevaba gafas de media luna, un práctico jersey con parches en los codos y guantes blancos con los que evaluaba mi habilidad para mantener la casa limpia. Me hizo sentirme desgraciada hasta que aprendí a tranquilizarla, haciéndome amiga de ella y descubriendo lo que quería de mí.

A medida que conocí a la Señora Perfecta, comprendí que ella creía ser el único de mis caracteres que actuaba con responsabilidad. Creía que tenía que soportar por sí sola las cosas de adultos y, por tanto, no tenía más elección que ser un rígido y severo capataz. Lo que quería de mí era que fuese más responsable y madura. A media que empecé a trabajar en eso, se relajó y empezó a ser menos criticona.

Fíjate en tu perfeccionista y hazte estas preguntas: ¿Cómo es mi perfeccionista? ¿Por qué actúa así? ¿De qué tiene miedo? ¿Qué quiere de mí? ¿Quiero conocer esa parte de mí para transformarla dándole lo que necesita?

Al suavizar a nuestra perfeccionista tejemos una red de seguridad sin los peligrosos agujeros de las demandas imposibles.

Tengo derecho a suavizar a mi perfeccionista.
Valgo la pena aunque no sea perfecta.
Me relajo y disfruto con las pequeñas
imperfecciones de la vida.

Aceptar la comprensión
y el perdón

Para poder disfrutar de auténticas y estrechas relaciones con los demás, debemos comprendernos y perdonarnos a nosotros y a los demás. Pero las mujeres a veces confunden comprender y perdonar con *excusar*. El hábito infantil de excusar va paralelo a la negación, pues al disculpar salimos, nosotras y los demás, del apuro, sin enfrentarnos a las consecuencias o responsabilidades de la conducta. Las familias alcohólicas suelen girar alrededor de excusas.

El hecho de excusar es inherente a nuestra voluntad de responsabilizarnos de los actos de los demás. Por eso al disculpar continuamente actos inaceptables se crea un clima que dificulta el crecimiento y el aprendizaje. El excusar puede ser un desprecio implícito. Cuando disculpamos lo inexcusable, estamos diciendo sutilmente que la persona disculpada no es capaz de actuar correctamente.

Por otro lado, la comprensión es una sólida hebra de nuestra red de seguridad emocional. Comprender nuestros actos y los de los demás proporciona un honrado marco en el que podemos crear una atmósfera de aceptación y perdón, un entorno en el que las personas y las relaciones pueden madurar.

La comprensión requiere compromiso, energía y la voluntad de tener una actitud sincera y abierta para con nosotros mismos y los demás. Debemos esforzarnos para buscar los motivos que hay detrás de nuestras conductas o actitudes negativas y hacer lo necesario para corregirlas. Es evidente que no podemos hacer eso por los demás, pero cuando su conducta nos parece inaceptable podemos decírselo y luego retirarnos discretamente. Excusarse puede ser inicialmente más fácil que comunicar algo, pero no lleva a la intimidad, la honestidad ni la autenticidad.

No excusaré mis actos ni los de los demás.
Quiero comprenderme a mí misma
y a los demás.
Me abro a la capacidad
para comprender y perdonar.

Rehacernos

¿Te has dicho algunas vez «hoy estoy fuera de mí»? Nuestras vidas son con frecuencia como una tormenta de otoño que azota las ramas y lanza las hojas de nuestra concentración y bienestar a los cuatro vientos, haciendo que nos preguntemos cómo podemos seguir. Cuando nos sentimos deshechas, estamos energéticamente fuera de nosotras y necesitamos rehacernos.

Mi sabia maestra, Annabelle, me enseñó la siguiente meditación que me alivia inmensamente cuando me siento exhausta. El propósito es reunir nuestra parte física, emocional y mental bajo nuestro Yo Mayor para que pasemos de sentirnos fuera de nosotras a sentirnos integradas.

Cierra los ojos y visualiza tu yo físico, emocional y mental. Pueden aparecer en cualquier forma o presentarse meramente como sensaciones. Si tu estado de ánimo es caótico, pueden aparecer moviéndose rápidamente y, posiblemente, girando sin control. Después de ver o sentir esos tres aspectos de ti, visualiza tu Yo Mayor, tu parte espiritual, por encima de las otras tres. Repite suavemente «Juntos, juntos, juntos» tres veces, o sea, en total nueve veces *juntos*. Cuando repitas esas palabras, imagina los símbolos de tus aspectos físico, emocional y mental que se unen y finalmente se integran en tu parte espiritual. Mientras lo visualizas, repite las series de nueve *juntos* hasta que todas las partes se fundan y sientas que la calma reemplaza el caos.

Aunque este ejercicio pueda parecer simplista, habla poderosamente a nuestro subconsciente y nos permite reunir nuestra energía y, por tanto, equilibrar y armonizar naturalmente nuestras sensaciones. Si nos sentimos en nuestro cuerpo, en vez de sentirnos «fuera de nosotras», podemos desenvolvernos constructivamente en nuestras ajetreadas vidas, sintiéndonos *en sincronía*.

Tengo el poder de reemplazar el caos por la calma. Equilibro y armonizo los cuatro aspectos de mi ser. Soy consciente de estar fuera de mí y hago lo necesario para recuperarme.

Acoger a la extraña
que hay en mí

Las mujeres siempre hemos sido conscientes de la importancia de comunicarnos y apoyarnos entre nosotras. Ahora que, además de recorrer el camino de la familia, emprendemos un camino profesional, también reconocemos el valor de esa solidaridad en el campo que elegimos. Acudimos a reuniones y nos agrupamos para conocer personas a las que podemos ayudar y que nos pueden ayudar. Pero, por otro lado, debemos preguntarnos cuántas extrañas hay dentro de nosotras esperando ánimo, aceptación y apoyo.

Kathleen estaba tan harta de su trabajo que todos los lunes se levantaba con dolor de cabeza. A veces le saltaban las lágrimas nada más oír el despertador. Incluso con mensajes tan contundentes como ése seguía trabajando en el sitio odiado. Cuando le pregunté por qué, me dijo que le convenía seguir ahí porque nunca encontraría un trabajo mejor. Oía en su interior otra voz que le decía que debía considerarse afortunada por el solo hecho de tener trabajo. Y una vocecita muy profunda y apenas audible le decía que no merecía ser feliz, por lo que le estaba bien tener un trabajo que la amargaba.

Kathleen empezó a saludar con valentía a esas extrañas. Descubrió que muchos de los *debes* y *tienes que* eran ecos de lo que le habían enseñado en tanto que joven madre soltera que debe trabajar para mantenerse a ella y a su bebé. Pero la voz más importante que oyó era la de la niña que llevaba dentro que *sabía* que no merecía ser feliz.

Kathleen se comprometió a aliviar a esa personita que la consideraba mala porque nunca había sido capaz de agradar a su crítica y distante madre. A medida que su niña interior se volvía más segura, Kathleen fue cambiando la opinión que tenía de sí misma y empezó a pensar que era una persona con méritos propios. Me satisface poder decir que ahora Kathleen está poniendo al día su curriculum vitae, busca otro trabajo y se siente muy aliviada.

Antes de poder coordinarse en su lugar de trabajo, Kathleen tuvo que reconciliarse consigo misma. Comprender y aceptar a las extrañas que hay en nosotras refuerza nuestras redes de estabilidad emocional.

Escucho las voces de
mis personalidades interiores.
Quiero y acepto todo lo que hay en mí.

Las vacas sin rabo

Es muy importante que aprendamos a pedir ayuda y estemos dispuestas a recibirla, pero es aún más importante que aprendamos a ayudarnos a nosotras mismas. Somos nuestra constante compañía y sabemos, mejor que nadie, lo que es bueno para nosotras, lo que queremos y lo que necesitamos.

El dicho «a Dios rogando y con el mazo dando» encierra una práctica y coherente filosofía que haríamos bien en seguir, pero también me gusta el punto de vista más suave del proverbio africano que dice «Dios no espantará las moscas de una vaca sin rabo». Todos conocemos vacas sin rabo, personas que siempre buscan soluciones fuera de sí mismas y nunca se responsabilizan de sus propias vidas. Me parecen bastante pesadas.

Durante el trauma de su divorcio, Grace retrocedió a un estado de inutilidad en que, primero por necesidad y después por costumbre, buscaba ayuda en sus amigos mientras se lamentaba de su situación. Pudieron atenderla bastante tiempo, pero seguía sin rabo, por lo que finalmente una amiga le recriminó que no hacía ningún esfuerzo personal. Aunque la conversación fue dolorosa para Grace, le abrió los ojos y empezó a aceptar su parte de responsabilidad en la ruptura y a encontrar maneras de coger las riendas de su propia vida. A Grace le creció el rabo.

Para poder elaborar una sólida red de estabilidad una mujer debe poder confiar en sí misma como amiga. A medida que aprendemos a confiar en nosotras y apoyarnos con constancia, nuestros rabos crecen y, a veces, algunas de las moscas que nos han estado molestando persistentemente se cansan y desaparecen.

> *Quiero y puedo ayudarme.*
> *Me responsabilizo de mis actos*
> *y mis reacciones.*
> *Tengo un rabo largo y fuerte para*
> *ahuyentar las molestas moscas de mi vida.*

Nadar en aguas flotables

En una ocasión en que regresaba a casa, desde California, con mi hijo, pasamos por Salt Lake City. Al recordar la peculiar experiencia que tuve de niña al nadar en el Gran Lago Salado, le pregunté a Brett si quería que nos parásemos para nadar. «Mamá, aunque trate de mantenerme a flote, me hundo como una piedra», me respondió. «Ahí no te ocurrirá eso», le prometí. Y, naturalmente, no se hundió, porque el Gran Lago Salado ayuda al más pesado a flotar sin esfuerzo.

Un factor inestimable para establecer una red de seguridad es encontrar aguas emocionales flotables que nos mantengan cuando nos parece que podemos hundirnos. Es esencial tener una atmósfera que nos ayude a mantenernos en la superficie del agua para no tener que agitarnos y luchar desesperadamente.

Al crear un entorno que nos ayude a mantenernos a flote es crucial que tratemos de rodearnos de personas que son flotadores, en lugar de pesos alrededor del cuello. La gente *positiva* nos acepta como somos y está verdaderamente interesada en nosotros. Son amables y no nos hunden ni nos desprecian. En su presencia nos sentimos bien.

Pos supuesto, es esencial que nuestras voces internas también sean positivas, que nos hablemos apoyándonos y animándonos, porque aunque estemos rodeados de personas flotadoras, si nos hablamos como si lleváramos zapatos de hormigón, nos hundiremos.

La voz que siempre está presente en nuestras vidas es la nuestra, por eso es imprescindible que nos aliente, que no nos hunda, y que nuestras actitudes hacia nosotros sean de aceptación y confianza para mantener nuestro espíritu a flote. Somos nuestro flotador más importante e influyente.

---

*Mantengo a flote mi espíritu diciéndome
cosas positivas.
Merezco rodearme de personas que me
apoyan y aceptan.
Busco entornos en los que puedo flotar.*

Ponernos en el lugar
del prójimo

Todo el mundo tiene guijarros en los zapatos. Para comprender a otra persona tenemos que ponernos su calzado, intercambiar por un momento nuestro punto de vista por el suyo. Eso nos permitirá liberarnos de actitudes críticas hacia ella. Por supuesto, hay personas con las que nunca nos sentiremos compatibles ni nos apetecerá entablar una amistad, pero podremos coexistir mejor si nos tomamos el tiempo para considerar su perspectiva.

Tina, la nuera de Bertie, consiguió su propósito de apartarla de su hijo y de su nieta, y Bertie no entendía por qué. Puesto que conocía muy bien las bromas y las dificultades que surgen en torno a las suegras, había tratado de ser cariñosa sin entrometerse en la familia de su hijo. En vano pasó muchas horas en vela considerando los actos de Tina, preguntándose cómo la podría cambiar, hasta que finalmente cambió su resistencia por el deseo de comprenderla mejor; Bertie tomó la decisión de escuchar con el corazón tanto como con los oídos.

A partir de las pocas cosas que Tina estaba dispuesta a dejar entrever, Bertie dedujo que su nuera temía que la controlase. Esa comprensión permitió a Bertie darse cuenta de que *no hacía nada malo* y dejó de resistirse a la elección de Tina. Aunque eso no modificó la conducta de Tina, tranquilizó mucho a Bertie.

Cuando tengas problemas en la relación con alguien, imagínate por un momento, que te pones sus zapatos. Visualiza cómo te están esos zapatos. ¿Te hacen daño?, ¿son demasiado grandes?, ¿tienen arenisca? ¿Qué entiendes ahora de esa persona?

Aunque no siempre podemos alterar las circunstancias, siempre podemos variar el modo en que las percibimos. Al transformar nuestra actitud crítica y juzgadora por la aceptación y la comprensión, afianzamos nuestra red de estabilidad personal.

> *Tomo el tiempo necesario para escucharme*
> *a mí y a los demás y así comprender mejor*
> *las cosas.*
> *Si me siento crítica con alguien, me pongo*
> *en su lugar por un momento.*
> *Mi red de estabilidad está entretejida de*
> *comprensión y carece de resistencia.*

Pedir ayuda cuando nos sentimos en un pozo

Hay momentos en que parece que la vida nos trata a patadas y estamos completamente seguros de que estamos tocando el fondo. Algunos nos sentimos mal si no podemos pasar solos esos momentos difíciles, pero siempre conviene más pedir una mano cuando nos encontramos en un pozo. Tratar de enfrentarse a solas a las cosas puede acrecentar nuestro dolor y hacernos sentir deprimidos y aislados.

Los síntomas que tenía el marido de Susan hacían temer a los médicos que se tratase de un tumor cerebral. Su manera de enfrentarlo fue aguantar el dolor físico sin hablar de la enfermedad hasta que supo con seguridad de qué se trataba. No quería que la gente lo supiera porque «se preocuparían y, de todas maneras, no pueden hacer nada». Susan, que estaba tremendamente inquieta, se sentía aliviada cuando podía expresar lo que sentía a un reducido grupo de amigos.

Aunque su marido al principio le recriminó que lo comentase, Susan le convenció de que tenía el derecho y la necesidad de llevarlo a su manera, del mismo modo que él lo llevaba como mejor le iba. Sólo después de ver a sus amigos Susan se sintió capaz de salir del pozo de desesperación y empezó a sacar la fuerza que llevaba dentro.

La historia tiene un final feliz. El tratamiento que aplicaron al enfermo dio buenos resultados y, por otro lado, a pesar de sus protestas iniciales, Susan tuvo en todo momento la valentía de consolarse respondiendo a su necesidad de buscar consuelo y apoyo.

Si estás afligida o sientes dolor, observa si lo que haces es apretar los dientes y tratar de manejar la situación a solas, pues quizá te iría mejor abrirte. O quizá cierras los puños con rabia, desafiando tu desgracia y, en consecuencia, no aceptas una mano cuando alguien se ofrece a ayudarte. Si cuando estás mal el hecho de que alguien te tienda una mano te proporciona una cómoda red de seguridad, date permiso para pedir ayuda cuando la necesites.

Me concedo lo que quiero
y necesito cuando estoy en crisis.
Puedo buscar ayuda en los demás.
Permito a los demás que me echen
una mano.

Prestarse al servicio

Abrirnos para servir a los demás es un hermoso modelo que las mujeres tejemos en nuestras redes de seguridad. Tender una mano y ofrecer un oído atento puede significar un tremendo empuje no sólo para la persona necesitada, sino también para la persona que ayuda. Al abrirnos a las necesidades de los demás con frecuencia encontramos que estamos «en la corriente» donde las oportunidades para ser útil se presentan como afortunadas casualidades.

Carole, una asistente social, es la protagonista de uno de mis testimonios favoritos sobre la oportunidad de ayudar. Ella y su marido esperaban que quedase una mesa libre en un restaurante llamado Friends & Company (Amigos y Compañía), cuando se dieron cuenta de que la encargada tenía una peliaguda conversación telefónica. Al cabo de un rato, la mujer se dirigió hacia los clientes que esperaban y dijo con franqueza: «En el teléfono hay una señora que está histérica y no le puedo colgar. ¿Hay alguien que la pueda ayudar?».

Carole se ofreció a coger el teléfono y habló media hora con la turbada mujer. No sólo la calmó, sino que además le dio prácticos datos sobre dónde podía buscar ayuda más permanente. La angustiada mujer había llamado al restaurante porque lo único que se le ocurrió fue buscar en el listín telefónico bajo la palabra «Amigo».

Cuando nos comprometemos a ayudarnos y consolarnos siendo nuestra buena amiga, surge de forma natural el deseo de reciclar ese apoyo ayudando a otros. La puerta más importante que podemos abrir en nuestro deseo por ser serviciales es la de nuestro corazón. Nuestro corazón se abrirá a los demás si nos queremos y aceptamos *con el corazón*.

Me ayudo y soy feliz ayudando a los demás.
Me presto a ser servicial.
Acepto las oportunidades de actuar
como brazo de Dios.

Crear una casa segura

En los últimos años la sociedad ha establecido «casas seguras» que ofrecen cobijo para las mujeres maltratadas y los niños. Esos techos seguros son accesibles para las mujeres que han padecido graves abusos. Pero, por otra parte, cabe considerar el problema de las que no nos sentimos emocionalmente a salvo en nuestra propia casa o trabajo. Si los demás tienen comportamientos inaceptables con nosotras, debemos establecer límites y expresar con claridad lo que toleramos y lo que no en las actitudes de los demás para con nosotras.

Aunque Sammi era muy respetada en su entorno laboral, en su casa sólo encontraba resistencia y rebeldía por parte de sus hijos y falta de delicadeza y de respeto por parte de su marido. Sammi, que procedía de una familia excesivamente emotiva, creía que ella debía ser la culpable de esa conducta y que no merecía que la tratasen bien.

Empezamos a trabajar juntas y, poco a poco, Sammi aprendió a respetarse y a creer que merecía un tratamiento mejor. Como resultado de su actitud más saludable, estableció unos límites con su familia, exigiendo que la tratasen con respeto. Dejó de vacilar entre la protesta y la claudicación y sostuvo las advertencias que había dado si perseveraban en su vieja conducta, que incluían irse unos días a un hotel cercano, dejando a su marido que se las arreglara solo y se cuidase de los niños. Cuando la familia se dió cuenta de que sólo aceptaría una conducta respetuosa, empezó a cambiar.

Si, por un lado, todo esto significó para Sammi la necesidad de hacer un análisis y un compromiso de cambio, el cual, aunque liberador, le resultó doloroso, por otro lado formó, de esta manera, un hogar seguro para ella en la misma casa que antes parecía un campo de batalla. Al igual que Sammi, tenemos derecho a vivir –y trabajar– en un entorno seguro; por ello, tenemos que enseñar a la gente a tratarnos, estableciendo y manteniendo unos límites realistas y respetuosos.

Merezco vivir en un entorno seguro.
Tengo el valor de establecer límites y
requerir un tratamiento respetuoso.
Me respeto.

---

2. Entablar amistad con el miedo

La preocupación a menudo proyecta una gran sombra de algo pequeño.

Proverbio sueco

Una de las tareas más difíciles de mi vida es la de proponerme, y conseguir, considerar el miedo como una emoción positiva, que me sirva para crecer, en vez de algo que haya que evitar a toda costa. Aunque es improbable que a alguien le atraiga la perspectiva de sentir miedo, debemos desmitificar y desarmar el miedo aprendiendo a examinarlo. El miedo inexplorado tiende a estrecharnos en sus garras, y limitar así nuestra capacidad para vivir plena y felizmente. Por otra parte, cuando tenemos la valentía de plantarle cara al miedo, solemos descubrir un valioso ámbito para conocernos mejor y lleno de posibilidades desconocidas.

Al recorrer el camino para convertirnos en personas auténticas y seguras, daremos un paso importante si nos acercamos amistosamente al miedo, conscientes de que tiene mucho que enseñarnos. Aunque no es fácil, debemos considerar el miedo como un maestro, para evitar que se convierta en un exigente e insoportable capataz. Cuando analizo mis propios miedos, encuentro ánimo, consuelo y apoyo en diversas fuentes; aquí quisiera compartir algunas con vosotras.

Los riesgos de una empresa

Ahora que cada vez más mujeres se arriesgan a lanzarse a las procelosas aguas del mundo de los negocios, nos enfrentamos a una nueva clase de miedo. ¿Nos irá bien o fracasaremos? ¿Podremos nadar con los tiburones sin convertirnos en uno de ellos? ¿Tenemos lo necesario para sacar provecho de nuestro conocimiento, almacenar nuestras mercancías y permanecer a flote en un mar de tinta que no sea roja, sino negra?

Muchas tenemos miedo de correr los riesgos necesarios para realizar nuestros sueños. Una de las mejores maneras de transformar los miedos es considerar hasta qué punto son realistas. Si bien hay miedos basados en experiencias personales, muchos son vestigios de viejas creencias y equívocos del pasado.

¿Tienes algún sueño en la vida? ¿Hay algún proyecto por el que suspiras secretamente? ¿Estás evitando algún riesgo profesional por miedo? Si tu respuesta a alguna de estas preguntas es afirmativa, te iría bien relajarte un poco y hacer el siguiente ejercicio. Divide un hoja de papel en tres columnas tituladas: «Mi sueño, o Lo que me gustaría hacer», «Los miedos que me inhiben» y «Cómo tranformar esos miedos». Apunta enseguida las respuestas que se te ocurran en cada columna.

Hazte un regalo: encara tus miedos, aprovéchalos para conocerte más y anímate a arriesgarte a pesar de ellos. No te olvides de buscar apoyo y aliento entre tus amistades. Con la respuesta que te den y con tus propios éxitos te será más fácil confiar en tus capacidades y tener el valor de seguir arriesgándote.

Encaro mis miedos y aprendo de ellos.
Me animo a hacer realidad mis sueños.
Acepto el riesgo como algo inherente al
involucrarse en una empresa.

Dar media vuelta cuando conviene

Todas tenemos una sabiduría interior que a menudo despreciamos. Aunque instintivamente sepamos que una persona o una circunstancia nos son desfavorables, seguimos acusándonos de ilusas o hipersensibles. En otras palabras, no escuchamos la sabia vocecita que hay dentro de nosotras. Tenemos que prestarle atención, porque puede ser un consejo de nuestro sabio «yo» para que demos media vuelta y echemos a correr.

El hacer caso omiso de nuestro oráculo interior nos puede causar daños innecesarios. A Anne, una joven esposa y madre, no le caía bien Abbie, una mujer de su círculo social. Pero como quiera que todo el mundo parecía pensar que Abbie era fantástica, Anne se reprendía por sentirse incómoda con ella y se propuso hacerse amiga suya. Con el tiempo se vió que la intuición de Anne respecto a Abbie era correcta. Abbie, que tenía una apariencia muy dulce, era manipuladora y falsa. La equivocación de Anne que, en vez de hacer caso de su intuición respecto a Abbie se propuso cultivar su «amistad», se hizo evidente cuando el marido de Anne la dejó para irse con Abbie.

Debemos tener siempre presente que tenemos una

asombrosa sabiduría, que va más allá de nuestra percepción consciente, que a menudo nos avisa para que nos alejemos de determinadas personas y circunstancias. Tenemos el deber de ayudarnos haciendo caso de esas señales. Presta atención a tus avisos interiores: examínalos detenidamente, confiando que, en el fondo, sabes lo que te conviene, y actúa en consecuencia. Como aprendió Anna, a veces lo mejor que se puede hacer es cumplir el deseo de dar la vuelta y marcharse.

Creo en mi sabiduría interior.
Presto atención a mi intuición y la analizo.
Me ayudo actuando según mi intuición
cuando conviene.

Edificar sobre los pequeños logros

Una eficaz manera de reducir el miedo a una dimensión manejable y realista consiste en centrarse en los buenos resultados, por pequeños que sean. Todos tenemos experiencias cotidianas que nos van bien y a menudo conseguimos éxitos sobre los que podemos construir. Si queremos tener una vida llena y feliz debemos centrarnos en lo construido y no en lo que se deshace. No pocas veces nos desmoronamos concentrándonos en nuestras limitaciones en vez de estimularnos con nuestros éxitos.

Durante dieciocho años Lynn fue una mujer activa y casera que apoyaba y ayudaba a su marido y a sus hijos, uno de los cuales padecía hidrocefalia y necesitaba una atención especial. A medida que los niños crecían, Lynn tenía cada vez más inquietudes, que se concretaron en el deseo de convertirse en técnica de ordenadores.

Lynn empezó a sentir miedo al reconocer su deseo de trabajar fuera de casa en un campo competitivo dominado por los hombres. Comunicó esos temores al grupo de mujeres que frecuentaba, que la alentaron para empezar a trabajar sus miedos, yendo pasito a pasito y apoyándose en cada pequeño logro. Ni que decir tiene que tuvo sus contratiempos, pero se alegraba de superarlos y seguía perseverando. Con el tiempo Lynn empezó a creer y confiar en su capacidad como mujer de negocios.

Lynn es ahora la propietaria de una reputada compañía de servicios técnicos de ordenadores. Su camino hacia el éxito lo realizó paso a paso: asistiendo a la Escuela de Educación de Adultos, haciendo prácticas como monitora de estudiantes de informática, trabajando a tiempo parcial y dando cursillos. Sus principales logros fueron superar el miedo y las barreras con las que topaba y centrarse en los pequeños éxitos que iba teniendo.

Si edificamos un puente con los pequeños logros podremos alcanzar la playa de nuestras aspiraciones. Piensa si ahora puedes dar algún paso, que no sea peligroso, que te ayude a aproximarte al miedo y construir tu propio puente.

Me permito dar pequeños pasos
hacia mis objetivos.
Me acepto y confío en mí tanto en
los buenos momentos como en los malos.

Escalar las cimas

Vivo en Colorado, a una hora del Parque Nacional de las Montañas Rocosas. Siempre quedo admirada ante sus elevados y majestuosos picos, los tranquilos valles y los prístinos lagos alpinos. Me siento profundamente agradecida ante su sencillez y belleza, la grandeza del macizo montañoso, la delicada y vulnerable hermosura de las flores salvajes y el primitivo esplendor de las inhóspitas extensiones de la gélida tundra.

Nuestras vidas se asemejan a ese impresionante paisaje. Todos pasamos por momentos de excitación y alegría, valles de asimilación y descanso, y helados eriales de angustia y depresión. Una de nuestras principales tareas como seres humanos consiste en salir de los abismos y subir a los picos, y debemos pensar que lo esencial es nuestro progreso global. Muchas veces para alcanzar una cima tenemos que dar un rodeo y perder terreno. En esos momentos debemos preguntarnos si, en conjunto, avanzamos hacia arriba.

Relájate, cierra los ojos y visualiza dónde estás ahora en la vida. Plantéate si estás escalando una cuesta difícil hacia la cima del pico, si estás tranquilamente acampada en un valle resplandeciente, o si te debates en un pozo que no parece tener fondo. Permítete estar donde quiera que estés. Estás bien ahí y ahora. Invita gentilmente a que se presente ante ti un Ser que te apoye y anime, que quiera ayudarte. Si estás satisfecha donde estás, relájate y disfruta la presencia de tu amable guía. Si quieres salir de ahí, pide al Ser que te ayude a cambiar. Acepta la ayuda de tu Ser y sigue sus indicaciones sólo si sientes que está pendiente de ti y te acepta totalmente.

La vida es una sucesión de subidas y bajadas, y tenemos la responsabilidad de aliviarnos y protegernos a lo largo de ese inevitable proceso. Tenemos lo necesario para alcanzar la cima de la conciencia en vez de quedarnos en un abismo.

Honro y acepto la vida con sus picos
y sus valles.
Admiro la variedad de mi vida.
Me quiero aunque esté en un pozo.

Mover el caleidoscopio

Si comparamos nuestra vida con un caleidoscopio, muchos empleamos gran parte de nuestro tiempo y energía tratando de crear la imagen perfecta, exactamente con las formas y los colores que nos gustan; luego queremos colocar la obra de arte resultante en un lugar de honor para que se quede ahí siempre. Pensamos que ya está, que por fin lo hemos conseguido. Después ¡crash!, ¡plam!... La vida acostumbra saltar sobre nuestra obra de arte cuidadosamente construída, convirtiéndola en una imagen totalmente diferente.

Laura se había pasado años trantando de dominar cualquier crisis o circunstancia difícil que surgiera en su familia y en su trabajo. Era una mujer con mucha psicología, y valientemente empezó a reconocer que su necesidad de controlar situaciones era un futil intento de mantener su caleidoscopio según el modelo que le parecía idóneo.

Poco a poco Laura empezó a liberar su necesidad de controlar, aceptó lo que no podía cambiar, sintiéndose mentalmente más tranquila. Estaba orgullosa de su nuevo modelo de caleidoscopio y lo disfrutaba inmensamente cuando un cáncer de pecho sacudió su

56

vida. Después de despreciar y resistirse al cáncer, Laura empezó a pensar que el estrés que le producía su vieja costumbre de controlar y corregir todas las situaciones había disminuido tanto su sistema inmunológico que había contraído cáncer.

Pero Laura aprende rápido, y ahora no sólo ha superado el cáncer, sino que también ha dejado atrás otra cosa importante: el control. Ahora Laura acepta y confía realmente en los diferentes modelos caleidoscópico de su vida y, algo más importante, se da cuenta de que no es responsable de los modelos de los demás.

Cuestiónate si hay en tu vida aspectos en los que necesites liberar el control y dar a tus fragmentos caleidoscópicos la libertad de bailar a su ritmo.

> *Soy consciente de que no me corresponde*
> *controlarlo todo ni a todo el mundo.*
> *Acepto y disfruto mi vida en su belleza*
> *y su imperfección.*
> *Me encuentro bien, feliz y confiada.*

En busca del sagrado varón

Cenicienta se alejó del príncipe temiendo que la rechazara si se enteraba de quién era realmente. Pero él la buscó para apartarla de su vida gris y denigrante y llevarla con él a una tierra de felicidad perpetua. Podríamos considerar el mito de Cenicienta como una metáfora de nuestro proceso interno, pues somos muchas las que evitamos aceptar nuestra propia energía masculina para la creatividad dinámica, el liderazgo y el pensamiento lógico, y, en cambio, buscamos un hombre con esas cualidades.

Eso no funciona. Nadie, ni el hombre más maravilloso, puede sustituir al sagrado varón que llevamos dentro. Tenemos la temible, aunque excelsa tarea de integrar nuestros aspectos femeninos y masculinos en un conjunto equilibrado. Si nos asusta, o no somos conscientes de que debemos incorporar nuestra energía masculina a nuestra vida diaria y, en vez de eso, buscamos esas cualidades en un hombre, podemos crearnos expectativas demasiado elevadas o conformarnos con muy poco por miedo a no estar completas sin él. De hecho, mientras más asimilemos nuestra energía masculina, mejor sabremos seleccionar a los hombres como amigos y compañeros.

58

Siéntate con tranquilidad y trata de visualizar mentalmente una imagen o un símbolo de tu «yo» masculino. Si te infunde miedo, pregúntale por qué siente la necesidad de ser temible. Si es una figura que no te inspira respeto, pregúntale por qué necesita aparentar debilidad. Date la oportunidad de conocer esa parte de ti. ¿Cuáles son sus talentos y sus miedos, sus sueños y sus aspiraciones? ¿Qué cualidades puede aportar a tu vida? Reconcíliate con ese importante aspecto de tu ser preguntándole cómo desea que le incluyas en tu vida cotidiana.

Si aceptamos nuestro propio varón interior y sintetizamos nuestro «yo» masculino y femenino alcanzaremos un equilibrio de energía magnética y dinámica, creando así un todo completo.

Reconozco y acepto mi energía masculina.
Analizo los miedos que tengo respecto
a mi lado masculino.
Soy una persona completa,
con muchas facetas.

Vivir nuestro «Sí»

En una ocasión ví un collar, con una plaquita en medio, en la que había grabada una sola palabra: «¡Sí!». Vaya entusiástica afirmación de vida. A veces el miedo, que es tan negativo, se interpone en nuestro camino para evitar que digamos «Sí» a nuestros sueños y talentos e impedir que nos realicemos al máximo.

Hablar en público es una de mis maneras favoritas de decir «Sí» a vivir la vida al máximo. Antes me aterrorizaba dar una charla, pero ahora ya sólo suelo ponerme ligeramente nerviosa. Sin embargo, hace poco, al ver el anuncio de una presentación que tenía que hacer, volví a sentir un miedo que me paralizaba. La pequeña propaganda de mi charla subrayaba lo que la gente podía esperar obtener de una tarde conmigo, pero yo veía imposible explicarles todo lo que les anunciaban, ni siquiera en un fin de semana, y mucho menos en la hora y media que tenía acordada.

La Serpiente del Miedo susurró con convicción: «Se disgustarán. Pasarás un mal rato». Para acallar la voz, hice –sin darme cuenta de mi equivocación– precisamente lo que no debía. Puesto que huía del miedo a fallar, me resistí a preparar la charla, favoreciendo con ello el fracaso que temía. Finalmente, a las diez de la noche de la víspera de la charla, empecé a practicar lo que suelo aconsejar: analicé mi ansiedad. Entonces me di cuenta de que lo que tenía que hacer era sacar el miedo de mi oscuro armario interior y compartirlo con la audiencia. Ellos, que al fin y al cabo eran seres humanos como yo, con fallos, se pudieron identificar y compenetrar conmigo, y terminamos sintiéndonos muy a gusto aprendiendo los unos de los otros.

Una excelente forma de evitar el miedo excesivo es romper su secreto: sacálo a la luz. El miedo nos hace agazaparnos en la oscuridad, temer los hoyos cuando conducimos, pero empieza a transformarse cuando se expone a la luz de la conciencia y la aceptación.

Para vivir nuestro «Sí», necesitamos conocer y aceptar nuestro miedo, y compartirlo honradamente con personas que nos acepten y animen calurosamente.

> *Soy una persona fuerte y capaz,*
> *aunque tengo miedo.*
> *Me acepto y apoyo, especialmente cuando*
> *tengo miedo.*

Superar la ceguera
ante un objetivo

En nuestro ajetreado mundo es fácil dejarse llevar por la ceguera ante un objetivo, es decir, no ver nada excepto la meta que se tiene delante. Cuando padecemos esa ceguera, una maravillosa puesta de sol, el cumpleaños de un amigo, o incluso la infancia de nuestros hijos, pueden pasar ante nuestra vida sin que realmente les prestemos atención. Es necesario y saludable tener objetivos alcanzables y realistas, salpicados con algunos idealistas y difíciles de realizar; pero si estamos cegados por llegar a la meta, sacrificando la espontaneidad, la diversión o la familia, es que probablemente estamos obedeciendo a algún miedo que debemos descubrir y curar.

La ceguera de objetivos conduce a una vida desequilibrada. Vivimos tiranizados por lo que «hay que hacer» y empezamos a dar bandazos, como si estuviésemos en un bufet digno del mejor gourmet y sólo tuviésemos tiempo para comer pan. Para llevar una vida saludable debemos equilibrar nuestras actividades internas y externas, estabilizar la oscilación entre hacer y ser, dar y recibir.

Si te sientes atormentado por la ceguera de objetivos, plantéate dos preguntas: ¿qué miedos me impulsan a trabajar de forma tan compulsiva? y ¿qué se sacrifica cuando yo persigo este objetivo? Cuando respondas, hazlo con amor y sin ánimo de juzgar. Estás haciendo lo mejor que puedes y estás en proceso de elegir nuevas opciones. Es una decisión que merece orgullo, no castigo. Luego piensa qué paso estás dispuesto a dar para que haya más equilibrio en tu vida.

La ceguera de objetivos lleva a la precipitación. El atropello es inhumano e insultante para todos los seres vivos, incluyéndonos a nosotros. Aunque es difícil romper el hábito de correr ciegamente hacia nuestras metas, podemos hacerlo. Con conciencia y voluntad, podemos aprender a saborear todas las delicadezas que la vida nos ofrece.

Tengo la valentía de explorar los miedos
que me acosan.
Me permito probar sólo
lo que puedo digerir.
Trato de reequilibrar mi vida paso a paso.

Estar cerca del corazón

La palabra «coraje» procede de *cor*, que en latín significa «corazón», y del término *corage*, del francés antiguo, que define «la capacidad de permanecer atentos al corazón». Suele ser difícil permanecer atento al corazón, tener el coraje de valorar y satisfacer nuestras necesidades si hemos sido enseñados a poner a los demás en primer lugar y a nosotros, en todo caso, después. Se necesita mucho corazón para oponerse a viejas creencias sobre la conveniencia de prestarnos atención.

Muchas veces nos sentimos inseguros de vivir plenamente integrados con el corazón porque tememos adoptar una conducta egoista en la que el orden sea primero yo, luego yo y después yo. Y, de hecho, ocurre lo contrario, pues cuanto más caso nos hagamos actuando en concordancia con lo que nos dice el corazón, más podremos atender a los demás.

Cuando Meryl, una estupenda actriz, dejó a su marido, sus amigos quedaron sorprendidos porque parecían una pareja ideal. En realidad, en privado el marido de Meryl era iracundo, celoso y exigente. Durante años, el mejor papel de Meryl fue el que desempeñó fuera del escenario, el de esposa satisfecha y feliz.

Meryl pensaba que hacía algo mal que inducía a su marido a actuar de esa forma, y trató de cambiar, pero no dio resultado.

Finalmente, después de quedar muy afectada por uno de los arrebatos de cólera de su marido, Meryl empezó a pensar que no merecía ese trato. Con el apoyo de un terapeuta, hizo acopio de coraje para encarar sus miedos y valorarse realmente. A lo largo del proceso, descubrió que crecía su capacidad para querer a su hija y a los demás. La energía que había utilizado protegiendo la intimidad de su familia para hacer creer que todo iba bien ahora podía fluir libremente, incluso hacia su ex marido.

Tener la valentía de hacer caso al corazón requiere que retiremos las capas de «él quiere», «ellos esperan» y «yo debo» para encontrar las de «yo soy», «yo necesito» y «yo puedo». Si tratamos con sensibilidad los miedos que nos hacen traicionar nuestro corazón, podremos aceptarnos y apoyarnos con cariño, no sólo a nosotros, sino también a los demás.

> *Tengo derecho a respetar quien soy,*
> *lo que necesito y lo que puedo hacer.*
> *Tengo corazón para amarme y apoyarme.*

Remodelar al salvador

Aunque las mujeres estamos aprendiendo a dejar de responsabilizarnos de los sentimientos de los demás, seguimos predispuestas a aceptar la censura. Muchas veces actuamos como imanes de expiación, recogiendo negativos pedazos de resentimiento y de dolor mental, y creemos que debemos salvar al que los emite. Es una manera muy incómoda de vivir. Para vivir confiando realmente en nosotras, debemos hacer un esfuerzo para recuperar a nuestra salvadora interior, permitiendo que los demás se rescaten a sí mismos.

Georgia remodeló a su salvadora en una de las más difíciles relaciones ya «establecidas» que pueda haber, la de una madre y una hija adulta. La hija de Georgia, Carrie, una sensible joven con dotes artísticas, adolecía de crisis seminerviosas. Después de asesorarse, la familia financió la vuelta de Carrie a los estudios. Al poco tiempo la echaron del centro. Entonces sus padres la pusieron a trabajar en su negocio, pero se aprovechó de la situación llegando tarde, si es que llegaba, y no haciendo el trabajo que se le asignaba.

Georgia, angustiada ante la situación de Carrie, se preguntaba: «¿Qué he hecho para que mi hija sea una inútil?». La situación fue empeorando cada vez más. Ahora, aunque le desgarre el corazón, Georgia va dejando poco a poco que Carrie afronte las consecuencias de sus actos. Para tener el coraje de no correr a sacarle las castañas del fuego y, en cambio, esperar que Carrie se responsabilice de lo que hace, Georgia se recuerda constantemente que crió a su hija lo mejor que supo y que Carrie es ahora una persona adulta que debe responder de su vida.

Nuestra necesidad de salvar obedece tanto al deseo de aliviar el dolor de los demás, como a un sentido de autoreproche o de responsabilidad. Aunque, cuando es posible, está bien aliviar el dolor, culpabilizarse o responsabilizarse son a menudo modelos de comportamiento destructivos que aprendemos tempranamente en nuestras vidas. Podemos transformar ese legado permitiendo amorosamente a los demás que se salven a su vez.

Asumo totalmente la responsabilidad
de mis actos.
Permito a los demás que se responsabilicen
de su vida.

Salir del nebuloso
«algún día lo haré»

Tenemos a nuestro alrededor innumerables oportunidades. Abundan las posibilidades para encontrar motivos de expansión personal, entusiasmo y alegría. Cabe preguntarse si las aprovechamos o si nos agazapamos en las sombras diciendo «algún día aprenderé a hablar bien de mí, aclararé esa relación, escribiré un libro», etcétera.

«Algún día lo haré» no favorece el presente, tampoco crea un futuro positivo ni reafirma nuestra autoestima. Esconderse en el nebuloso «algún día lo haré» parece seguro, pero suele dejarnos llenos de pesar por cosas que hemos dejado de hacer o decir.

Es posible que nos asuste hacer o ser algo nuevo y releguemos el deseo de cambiar a un «quizá mañana». Debemos tener el coraje de transformar nuestro miedo plantándole cara y curándolo.

Cuando Mary, que era maestra, rondaba la cincuentena, comenzó a plantearse un posible cambio de orientación profesional. Durante dos años consideró diferentes opciones, pero nada le llamaba realmente la atención. Empezó a analizar detenidamente sus miedos y se dio cuenta de que se había exigido mucho en todas las facetas de su vida, incluyendo la enseñanza, de manera que todo tenía que ser perfecto o era inaceptable. Acabó por comprender que temía seguir una nueva vocación por miedo a atormentarse una vez más con exigencias desmesuradas.

Mary se comprometió a dejar de lado su afán de perfección y entró en el seminario. A los cincuenta y dos años dejó el nebuloso «algún día», comprometiéndose a seguir en el sacerdocio sólo «si seguía sintiéndose bien». Al adoptar esa actitud tolerante y flexible, Mary se sentía libre de seguir su llamada.

Si tienes un sueño que languidece en las nieblas del «algún día», examina los temores que te impiden realizar tus sueños de inmediato. Al calor de un cariñoso apoyo, nuestros miedos se disiparán y seremos capaces de seguir la llamada del corazón.

Decido las cosas fácilmente.
Me permito seguir los dictados del corazón.
Lo hago ahora.

Transformar los tiranos interiores

Todos tenemos una serie de caracteres interiores que llamo subpersonalidades. A menudo los miembros de esa familia interior son unos extraños para nosotros, no los aceptamos ni los integramos en nuestra vida. Las subpersonalidades se forman o *deforman* en función de nuestras creencias y, si no las reconocemos, pueden hacernos actuar y sentir de modo perjudicial para nuestro bienestar.

Podemos integrar esas facetas nuestras que nos son extrañas volviéndonos conscientes de sus temores, sus deseos y sus necesidades. Cada una de nuestras subpersonalidades tiene, en el fondo, una cualidad. Si las aceptamos esa cualidad se manifestará en nuestras vidas.

Siéntate tranquilamente con los ojos cerrados e invita gentilmente a los miembros de tus papeles interiores a aparecer, como si estuvieran en un escenario. Pueden emerger como personas, símbolos, animales o, simplemente, como una sensación o un sentimiento. Obsérvalos con distancia, sin ánimo de juzgarlos. ¿Qué apariencia tienen? ¿Cómo se sienten? ¿Están a gusto o incómodos, alegres o tristes, tranquilos o enojados? Y, algo esencial, ¿cómo te sientes respecto a ellos?

Elige la subpersonalidad que te parezca más aceptable y empieza a conocerla. Durante unos momentos limítate a *estar* con ella, percibiendo lo que sentís cada uno respecto al otro. ¿Hay confianza y respeto, amor y aceptación? ¿Qué cualidad tiene ese miembro de la familia interior que quisieras expresar más en tu vida? Pregúntale lo que quiere y lo que necesita de ti. ¿Estás dispuesto a darlo?

Ahora haz el mismo ejercicio con la subpersonalidad que más te moleste. Recuerda que *cada* aspecto de nosotros, por muy vil que pueda parecer o actuar, tiene en el fondo una cualidad y puede convertirse en una fuerza espiritual creativa si se le libera amorosamente del oscuro sótano de nuestro subconsciente para dejarle salir a la luz de la aceptación.

Acércate amistosamente y con cariño a todos los miembros del reparto para que dejen de ser tus tiranos interiores y se conviertan en amigos de confianza.

> *Transformo mis facetas tiranas*
> *reconociéndolas y aceptándolas.*
> *Todas mis facetas tienen un buen fondo.*
> *Curo mis facetas internas heridas*
> *queriéndolas.*

Diluirse en la disponibilidad

Además de desear hacer lo correcto o temer el rechazo, podemos volvernos tan disponibles para los que queremos que ellos ya no nos vean. Desaparecemos como persona y nos reducimos a una constante anónima que se da por supuesta. Amy Tan, que escribió *The Joy Luck Club*, dice: «Mi Amah me quería tanto que ya no la consideraba más que una comodidad que me servía».

Si nos perdemos en un laberinto de demandas y deseos de otras personas, necesitamos mirar detrás de nuestra fachada de amabilidad y desvelar nuestros miedos o creencias perjudiciales que permiten que la gente dé por supuesta nuestra disponibilidad.

Para descubrir esas facetas en las que te diluyes en la disponibilidad, escribe una lista de circunstancias en que te sientas utilizada o que se dé por supuesta tu participación. Para cada idea pregúntate por qué sigues actuando de manera que te acabas sintiendo invisible e infravalorada.

Si tu respuesta empieza por «tengo miedo de que...», pregúntale a tu miedo si es realista o si acaso es un miedo de la infancia que ya no tiene sentido en tu vida actual. ¿Cuál de tus caracteres interiores tiene miedo? ¿Qué necesita de ti para ayudarte a aliviar su miedo? Si tu temor es realista, ¿qué es lo peor que puede pasar si cambias de conducta? ¿Tienes la madurez y la sensatez de sostenerte emocionalmente pase lo que pase? Aunque no es fácil cambiar los modelos de una conducta excesivamente acomodaticia, podemos hacerlo convenciéndonos de que tenemos el derecho y la necesidad de estar disponibles también para nosotros, lo cual, a su vez, nos hará sentir menos resentimiento y más amor hacia los demás. La buena disponibilidad mejora las relaciones, pero la abnegación y la excesiva acomodación las destruye. Para nuestro bienestar –y el bien de la humanidad–, debemos estar disponibles para los demás, pero es necesario que siempre nos respetemos y respaldemos.

Estoy disponible para los demás de una
forma que mejora su vida y la mía.
Me permito ser imperfecta.
Merezco ser visible y valiosa.

3. Convertirnos en el padre o la madre que merecemos

El niño necesita un mediador, alguien que comprenda el mundo del corazón y el del intelecto y le ayude a acercar el uno al otro.

Irene Claremont de Castillejo

Muchos tenemos dentro voces de padres negativos que nos reprenden y desaniman. Es difícil confiar en uno mismo y tener tranquilidad mental cuando nos castigamos constantemente. Pero si nos convertimos en el progenitor que merecemos tener, podremos trocar esas voces críticas en otras de apoyo y consuelo.

Hace poco oí que alguien decía: «Si has tenido padres, necesitas una terapia». En efecto, nadie ha tenido padres perfectos, y *nosotros* tampoco somos padres perfectos, pero por muy desastrosa que haya sido nuestra infancia, o por arraigados que estén nuestros temores, podemos convertirnos en un progenitor que nos forme. Aún en el caso en que hayamos tenido una infancia idílica, si confiamos más en nosotros, las cosas nos irán mejor.

Acallar la voz crítica

Muchos de nosotros estamos siempre diciéndonos cosas, en un monólogo interior bastante desalentador. Revivimos fallos cometidos, y nos recriminamos una letanía de pecados y defectos reales e imaginarios.

Cuando nos criticamos y nos desanimamos, a menudo nos habla la voz de nuestra madre o de nuestro padre, tal como la recordamos en una infancia en la que no nos sentimos respaldados. Un caso ilustrativo de esto es el de Jody, cuyo padrastro la sometió a abusos deshonestos durante años. Cuando finalmente se lo contó a su madre, ésta le dijo que debería darle vergüenza mentir de esa manera y que si en realidad ocurría una cosa así, sería porque Jody lo buscaba. Ni que decir tiene que, de adulta, la voz autocrítica de Jody la censuraba constantemente. Cuando le pregunté de quién era la voz que la recriminaba, apareció en su mente una imagen de su madre.

La meditación que propongo a continuación calmó la crítica interior de Jody. Durante unos momentos, con los ojos cerrados, escucha con atención tu voz crítica interior. ¿Te suena como la de alguien que conoces? Permite que una imagen del que habla aparezca en tu ojo mental. Puede aparecer como alguien familiar o puede ser un extraño, un animal o un símbolo. Pregúntale por qué es tan crítico. Pregúntale qué le costaría hablar con más consideración.

Si no están dispuestas a trabajar contigo animándote y apoyándote, ponles una barrera que les impida alcanzarte. Jody, por ejemplo, puso a su insolidaria madre en una fuerte burbuja de luz, dónde podía verla pero no la oía. Ahora invita a aparecer en la imagen a un progenitor que te anime y te hable cariñosamente, un padre interior con el que puedas estar a salvo. Disfruta de su reconfortante presencia.

Para acallar nuestra voz crítica interior debemos personificarla, protegernos de ella, y luego reemplazarla. Aunque esa voz antes correspondiese a otra persona, ahora es nuestra y podemos cambiarla.

> *Merezco que me hablen amistosamente.*
> *Puedo cambir mi voz crítica interior por*
> *otra cariñosa y alentadora.*

Vivir en el vecindario
del señor Rogers

A medida que nos convertimos en los padres que merecemos, es esencial que busquemos un «vecindario» adecuado para vivir. Con ello quiero decir que nos asociemos con personas que nos respalden y nos hagan sentir bien con nosotras mismas.

El programa infantil «El vecindario de míster Rogers» es estupendo para la niña que hay en nosotras. Al final, el amable señor Rogers nos mira directamente y dice: «Has hecho que hoy fuese un día muy especial para mí. ¿Cómo? Limitándote a ser tú. Eres del tipo de personas que agradan fácilmente».

A veces las personas que hay en nuestro entorno –familia, compañeros de trabajo, amigos– no son tan gentiles como el señor Rogers. Si bien durante años Rosemary hizo todo lo que pudo para crear una cariñosa relación con su hermana, a ésta, al parecer, le sigue gustando humillarla.

Como desgraciadamente tuvo que aprender Rosemary, que es cristiana, los miembros de la familia no siempre son nuestros mejores vecinos. Pero ni siquiera Cristo pretendía que amásemos a todo el mundo *personalmente*. Nos animó a amar fraternalmente al prójimo, con amor impersonal, benevolente; a desear el bien y preocuparnos por los demás, sin necesidad de tener una actitud de dulce paloma.

Debemos protegernos de la toxicidad de los demás. Pocos estaríamos dispuestos a sostener un puerco espín completamente erizado o acariciar una mofeta con la cola levantada. En cambio, debido a la culpa y a los «debería» a veces nos dejamos punzar y emponzoñar por parientes o personas llamadas amigas.

Para crearnos un vecindario como el del señor Rogers debemos darnos permiso para alejarnos de las conductas emocionales destructivas, aunque sean de parientes. Desde una distancia prudente, podemos empezar a enviarles dardos de amor impersonal. Si te sientes demasiado vulnerable o enfadada como para mandar amor, visualízate en los protectores brazos de un maestro o un guía. Desde el refugio de ese abrazo te sentirás segura para abrir tu corazón e irradiar compasión a la persona herida.

> *Merezco que me traten bien.*
> *Tengo derecho a no relacionarme*
> *con personas que no me tratan bien.*
> *Me rodeo de personas cariñosas*
> *que me respaldan.*

Tachar la negatividad
de la agenda

En la jerga de ordenadores hay una frase que dice: «Basura dentro, basura fuera». Significa que si un programa tiene una configuración deficiente y mensajes erróneos, sólo dará resultados erróneos. La mente funciona con el mismo principio. Si ponemos basura como la negatividad en nuestras mentes, eso se reflejará en nuestra vida, que será más difícil y menos agradable de lo que desearíamos.

Si nos hemos acostumbrado a colocar el pensamiento negativo al principio de nuestra agenda de la vida, debemos pasarlo al final y pensar en eliminarlo. Cuando reemplazamos la negatividad por un pensamiento optimista, creamos un entorno en el que pueden germinar las semillas de la creatividad, el humor y el amor.

Negativo por negativo equivale a positivo sólo en términos matemáticos. En la vida real de las emociones y las creencias, los negativos compuestos sólo producen un resultado más negativo. Así pues cuando permitimos que nuestra mente se detenga en los sentimientos y los pensamientos pesimistas desarrollamos un magnetismo mental que atrae más negatividad.

Eso lo podemos cambiar con un simple ejercicio mental. En los días en que te sientas pesimista, es importante que te ayudes tomando conciencia de tus pensamientos negativos, y los traslades de uno en uno al final de tu agenda mental. Después, encabeza tu agenda con un pensamiento agradable y de afirmación. Aunque en principio ese ejercicio pueda parecer un camelo, persevera y empezarás a crear un nuevo hábito de «positivo dentro, positivo fuera».

Me comprometo a pensar positivamente.
Me apoyo convirtiendo los pensamientos
negativos en positivos.
Merezco tener un vida llena y positiva.

Recuperar a nuestra niña natural

La mayoría de mujeres llevamos dentro una niña herida y somos conscientes de ello, pues la sentimos con regularidad. Pero también tenemos en nuestro interior una niña espontánea y juguetona, que aunque esté debajo de capas de recelos y ofensas, podemos recuperarla. Emergerá a medida que nos convirtamos en nuestro cariñoso progenitor; entonces descubriremos a una personita más curiosa que miedosa, más espontánea que rígida, más amable que reacia, más creativa que aburrida, más franca que recelosa.

Si nuestra faceta espontánea y despreocupada está oculta, probablemente es porque hemos sido demasiado severas con nosotras y, sin querer, hemos creado un clima emocional que impedía crecer a nuestra niña natural. La mejor manera de animarla a salir es prepararle el camino para que lo haga con tranquilidad. Si nos tratamos bien, la niña sentirá que la invitamos con este mensaje: «Aquí se está bien. Si sales serás bienvenida y podrás jugar. Se te apreciará, valorará y protegerá».

La víspera de ser intervenida para una mastectomía, Charlene visualizó a su niña interior herida, aterrada por la operación, y le preguntó qué le gustaría hacer antes de ir al hospital. Sin dudar, respondió: «Dar un paseo con Peaches y caminar descalza por la orilla del agua». Las personas que pasaban por allí no vieron otra cosa que una señora de pelo cano jugueteando con su perro en la arena; para Charlene fue una salida con dos niñas –una atemorizada y otra confiada y aventurera–, que la alivió y la calmó.

Hazte el favor de recuperar tu niña natural interior. Te aportará alegría y espontaneidad.

> *Soy un progenitor gentil*
> *y cariñoso conmigo.*
> *Invito a mi niña natural interior*
> *a mi vida cotidiana.*
> *Me protejo a mí y a mi niña interior.*

Acentuar lo funcional

Es maravilloso que no sigamos negando la disfunción de nuestras familias de origen, o incluso de las familias que creamos; pero corremos el peligro de fijarnos tanto en la disfunción que rechacemos toda la educación que recibimos. Raras son las personas que no han vivido momentos en los que se han sentido queridas y respaldadas. El recordar esos buenos tiempos nos permite creer de verdad en nuestro encanto personal.

Al permitirnos recordar momentos agradables, facilitamos nuestra curación y propiciamos el perdón de nuestros padres y de nosotros como madres. Ninguna de nosotras tuvo –ni fue– un progenitor perfecto, pero es improbable que no tengamos, como mínimo, cachitos de saludables recuerdos por los que estar agradecidas.

Si sentimos punzadas o culpabilidad por la forma en que hemos educado a nuestros hijos, es esencial que acentuemos nuestra conducta funcional, para basarnos en ella. Si seguimos resaltando nuestros actos disfuncionales, lo único que conseguiremos será desanimarnos y dificultar los cambios propicios.

Cuando estés tranquilamente a solas, o con alguna amistad de confianza, haz una lista de las veces que recuerdas haber sido feliz en la infancia. Revive esos minutos o esas horas. Saboréalos. Recrea esos sentimientos y da las gracias por las experiencias. Luego haz una lista de las veces en que te has sentido contenta y orgullosa de ti como madre. Comparte esas memorias con tu compañero, tus hijos o con un amigo o amiga. Reconoce el mérito del trabajo que has hecho bien.

Si resaltamos lo funcional nos animaremos a confiar en nosotras. Nos sentiremos más fuertes para sostenernos cuando tengamos que considerar la disfunción de nuestra vida, para cicatrizarla y proseguir.

Me siento agradecida por mi pasado,
por las cosas difíciles y por las que
me han compensado.
Acentúo lo positivo de mi pasado,
sin negar lo doloroso.
Soy una buena madre para mí
y para mis hijos.

Volver a enmarcar nuestra perspectiva

Al aprender a atribuirnos de nuevo unos padres, es una buena idea mirar el album familiar que llevamos dentro. Algunas de las instantáneas evocan alegres recuerdos y cálidos sentimientos borrosos, mientras otras parecen dardos que nos lanzaron exprofeso. Muchas fotos interiores se revelaron cuando éramos jóvenes y tenían una débil perspectiva infantil. Ahora, como adultos, tenemos la autoridad de volver a enmarcar los recuerdos dolorosos, como si cambiásemos los marcos de las fotos colocadas sobre el piano.

Date tiempo para vagar mentalmente por las fotos que has acumulado del pasado. Elige una que llame la atención y, poco a poco, conviértete en la niña que ves ahí. Con extrema delicadeza pregúntale qué quiere y qué necesita de ti. ¿Estás dispuesta a satisfacer su deseo? Si te inspira cariño y ganas de protegerla, permite a tu «yo» adulto que la alivie en lo que pida. Si no te sientes bien respecto a ella, lleva ante tu vista mental a un protector que sienta cariño por ella. Permite a ese individuo que cuide de tu niña.

Con la ayuda de tu yo adulto o de la persona que llamas para que te ayude, vuelve a reproducir la instantánea desagradable convirtiéndola en una imagen en la que tu niña está segura y contenta. Vive sus sensaciones cuando experimenta la vida desde ese punto de vista. Absorbe y reivindica esos sentimientos como tuyos, por derecho propio. Ahora pon tu nueva imagen en un marco bonito y valioso y colócalo en un sitio destacado.

Si te encuentras volviendo a los sentimientos angustiosos de la imagen original, traslada tus pensamientos a la nueva y recuerda que, como adulto capaz, puedes reenmarcar la dolorosa perspectiva de tu infancia.

Puedo observar viejas experiencias
desde la nueva perspectiva de mi capacidad
de adulto.
Pregunto a mi niña interior
lo que quiere y necesita.
Cuido a mi niña interior atendiendo
sus deseos y necesidades.

Completar las cosas que dejamos a medio hacer

Los asuntos que dejamos a medio hacer nos resultan muchas veces enervantes y desalentadores. Puede tratarse de cosas que nos sabe mal haber dicho, atenciones que no tuvimos, confusos malentendidos u ocasiones en las que nos hubiese gustado sostenernos. En los grupos que dirigí durante muchos años para personas que estaban de duelo, los asuntos pendientes constituían uno de los aspectos más difíciles de la aflicción que sentía la gente; se lamentaban de que la muerte les había robado la posibilidad de comportarse de otra manera con un ser querido.

Para nuestra salud emocional es conveniente terminar los asuntos que quedaron pendientes, componer las relaciones rotas y tomar el tiempo necesario para decir las cosas que sentimos pero que raras veces expresamos. El aclarar los asuntos sin acabar hace tener amor propio y mejora la paz mental, pues transmite la sensación de que hay cosas completas en nuestra vida.

Quisiera compartir con vosotros mis tres palabras mágicas para terminar los asuntos pendientes. La primera es *rehacer;* si hay algo de lo que estamos arrepentidos y es posible volver a hacerlo de otra manera, podemos. La segunda, *remediar;* podemos tener el coraje de aceptar la responsabilidad de haber hecho daño a alguien y excusarnos. En tercer lugar, es importante que sepamos cuándo debemos *liberar* nuestros sentimientos por haber causado daño.

Cuando hayamos terminado nuestro asunto lo mejor que sepamos, es conveniente que nos aliviemos liberando lo que no se puede cambiar y felicitándonos por haber mejorado todo lo que era posible.

Me comprometo a completar las cosas inacabadas.
Tengo el coraje de excusarme por los errores cometidos.
Libero lo que no se puede cambiar.

Ver a nuestros padres pequeños

Aunque a veces nos resulte difícil creerlo, nuestros padres también fueron niños. Muchos vivieron el trastorno de la guerra mundial y la incertidumbre generada por la depresión de 1929. A casi ninguno se le animó para que viviese o se expresase como lo sentía. En sus tiempos no se hablaba de «airear los trapos sucios» ni de «ir con el corazón en la mano», sino de «confiar en los propios recursos» y «hacer frente a las adversidades». Indudablemente, después nosotros, de niños, también nos sentimos reprimidos.

Para convertirnos en los padres que merecemos es importante comprender, honrar y perdonar a los padres que tuvimos. Con la siguiente meditación quizá te resulte más sencillo. Instálate cómodamente en un sitio tranquilo y fíjate en tu respiración. Observa cómo inhalas y exhalas. Respira más profundamente y, a medida que inspiras, absorbe una sensación de seguridad del universo. Al espirar, deja ir la resistencia o el miedo que sientas. Invita amablemente a hacerse presente en tu conciencia una imagen o una sensación de tu madre cuando era niña. ¿Qué sientes ante ella? Si te parece bien, trata de conocerla, háblale, hazle compañía.

Cuando pienses que ya estás lista respecto a ese encuentro, encoje mentalmente a tu madre niña hasta que sea muy pequeña, y si te parece bien, ponla en tu corazón. Repite ese proceso con tu padre.

Ver a nuestros padres pequeños nos permite formarnos una imagen diferente de ellos. Si nos han intimidado, abandonado o contrariado, al verlos pequeños comprenderemos mejor su dolor y su vulnerabilidad; desde esa posición de capacidad aprenderemos a quererlos más fácilmente. Si aceptamos al niño interior de nuestros padres amaremos y aceptaremos más a la niña que hay en nosotras.

> *Me tomo el tiempo necesario para conocer*
> *al niño interior de mis padres.*
> *Quiero comprender y perdonar*
> *a mis padres.*
> *Quiero y acepto a mi vulnerable niña*
> *interior así como a los demás*
> *niños interiores.*

Interrumpir el ciclo
del sacrificio

Las mujeres a veces confundimos el sacrificio con el servicio. A veces tenemos la creencia subyacente de que no sólo deberíamos renunciar a nuestras esperanzas y nuestros sueños, a nuestro tiempo y energía, para servir a los demás, sino que además nos conviene hacerlo. Pensamos que sólo estamos bien si nos sacrificamos voluntariamente en el altar de la familia, del trabajo y de las causas caritativas.

Hace poco Judy cayó en la cuenta de que había aceptado una creencia, transmitida de generación en generación por las mujeres de su familia, según la cual «al casarnos debemos renunciar a lo que queremos, a lo que somos». La madre de Judy cuando se casó abandonó una prometedora carrera como cantante y, siguiendo inconscientemente su modelo, Judy, que adoraba viajar, se casó con un hombre que condenaba los viajes y que sólo le permitía salir del pueblo ocasionalmente para ir a ver a sus padres. En una ocasión en que ella lo contrarió y se fue al estado vecino para visitar a una amiga, él no le dirigió la palabra en tres días.

Judy, al comprender que por su matrimonio estaba sacrificando no sólo su deseo de viajar sino también su saber y su autoridad, se divorció. Y, aunque le hubiese gustado volver a casarse, evitaba establecer relaciones de compromiso. Ahora, después de percatarse de que su conducta obedecía a la perpetuación de una creencia familiar, Judy está rompiendo conscientemente el ciclo de sacrificio y afirma que tiene derecho a ser quien es y a mantener sus esperanzas y sueños incluso si se involucra en una relación.

Para detener el ciclo por el que confundimos el sacrificio con el servicio debemos estar convencidas de que merecemos crear relaciones que apoyen nuestra personalidad y nuestros sueños.

> *Tengo derecho a ser quien soy y a tratar*
> *de realizar mis sueños y esperanzas.*
> *Mantengo el sentido de mí misma,*
> *tanto a solas como en mis relaciones.*
> *Disfruto siendo útil para mí*
> *y para los demás.*

Crear un nuevo mito familiar

Todas las familias tienen dichos tradicionales sobre «cómo funciona esta familia». Algunos de esos mitos son positivos y constituyen el pilar de nuestras creencias; otros, sin embargo, deben ser revisados y corregidos porque son anticuados y nos limitan. Cuando dominemos el arte de atribuirnos nuevos padres, probablemente desearemos reescribir algunos mitos familiares.

El CI de Megan corresponde a la categoría de genio, pero uno de los mitos de su familia le indicaba desde niña que no debía emprender estudios superiores. Su familia creía que los chicos eran inteligentes y por tanto tenían derecho a ir a la universidad, mientras que las niñas se suponía que debían aprender lo necesario para convertirse en buenas amas de casa; hasta que se casaran, debían trabajar y contribuir a la educación de sus hermanos. Megan fue una hacendosa hija que contribuyó al mantenimiento de su hermano en sus estudios universitarios; luego se casó y trabajó hasta que su marido se licenció en ingeniería.

Tómate unos momentos para revisar algunos mitos de tu familia. ¿Son hechos o son sólo dichos? ¿Mejoran tu vida o la constriñen? La luz de esas tradiciones, ¿reafirma o hiere tu autoestima? ¿Son legados que quieres transmitir a tus hijos?

Todas tenemos ideas y puntos de vista diferentes a los de nuestra familia. Somos autoras de nuestras vidas y tenemos el poder no sólo de cambiar lo que no nos va bien, sino de crear tradiciones familiares de respaldo y estímulo que nos liberen, en lugar de limitarnos. Megan, por ejemplo, está creando una nueva historia para ella y sus hijos, y está estudiando en la universidad, en un curso posterior al de su hija. Tú también puedes reescribir tu historia.

> *Reescribo mi historia de manera*
> *que me favorezca.*
> *Me animo a superar las formas*
> *de ser anticuadas y restrictivas.*
> *Creo mitos familiares poderosos y enérgicos*
> *para mí y para mis hijos.*

Ser nuestra propia comadrona

Puesto que la vida es una continua progresión de nacer y renacer, para convertirnos en el progenitor que merecemos debemos desempeñar el papel de ser nuestra propia comadrona y esforzarnos por vivir con autenticidad. Como adultas que tratamos de ser dueñas de nosotras mismas, para amar y ser amadas realmente por los demás, es preciso que nos involucremos en el proceso, muchas veces doloroso, de renacer en nuevas creencias y conductas.

El miedo al cambio es uno de los factores que más nos dificultan dejar lo viejo y recibir lo nuevo. Sólo nos es posible adentrarnos en un territorio emocional desconocido cuando confiamos que finalmente estaremos seguras. Si en el trayecto asumimos la función de ser nuestra propia comadrona, protegeremos con delicadeza a nuestra vulnerable niña que teme que la abandonen y traicionen en el proceso que seguimos valientemente, para dar a luz a nuestra genuina personalidad.

Cuando puedas disponer de un rato para estar tranquila, busca un lugar recogido. Cierra los ojos y relájate con el método que te vaya mejor. Sumérgete lujuriosamente en la cálida oscuridad de la respiración y presta atención a los latidos del corazón. Concéntrate en el ritmo de los latidos del corazón e intégrate con él. Imagínate tiernamente en el útero de una madre amorosa que espera con anhelo tu llegada.

Inicia tu viaje por el conducto materno y, al deslizarte fuera del cuerpo de tu madre, imagínate abrazada por una fuerte y calurosa comadrona. Experimenta la alegría de ser entregada a una madre dedicada a ti, que, con orgullo, te muestra a la receptiva y comprensiva familia que te ha esperado ilusionada. Absorbe la agradable sensación de ser querida y aceptada por completo.

> *Soy una cariñosa comadrona para mí,*
> *incorporo nuevas creencias y conductas*
> *en mi vida.*
> *Me pertenezco.*
> *Me quiero y me acepto.*

Recuperar los sueños
de la infancia

¿Te dijeron alguna vez que dejases de hacer la tontería de fantasear e imaginar como una criatura? Las personas a las que apreciabas, ¿te animaban a soñar o se burlaban de tus sueños? Y las personas que hay ahora en tu vida, incluyéndote a ti, ¿animan tus aspiraciones? Muchas de las esperanzas, los deseos y los sueños que teníamos de niños eran indicativos de los particulares dones que traíamos a la vida. Si hemos perdido la pista de nuestros sueños, podemos reconectar con ellos si estamos dispuestas a retroceder y analizarlos.

Si queremos reconectar con nuestros sueños, tratemos de realizarlos, con cariño y ánimo, hagámonos preguntas como éstas: ¿A qué jugaba cuando era pequeña?, ¿a dónde iba en mi mundo de fantasías?, ¿qué quería ser de mayor?, ¿cuál era mi escondite, dónde me sentía segura?, ¿cómo puedo traducir mis sueños infantiles a realidades de adulto?

De niña me gustaba disfrazarme e interpretar «obras» que había escrito y después, en mi vida adulta hice bastante teatro de aficionados. Pero en este momento de mi vida me concentro en escribir y puesto que no dedico el tiempo necesario para seguir con la interpretación, lo que hago es interpretar pequeños papeles para mí, sobretodo cuando conduzco. Incluyo a otros automovilistas en mi reparto y practico con ellos. Cuando miro la televisión, me convierto en un sagaz presentador que entrevista a los invitados. En otras palabras, me permito *jugar* como solía hacerlo cuando era pequeña. Si mi voz crítica interior empieza a interferir, la transformo en una agradable voz de progenitor que me asegura que no estoy loca, que sólo estoy siendo creativa.

Nuestros sueños y fantasías infantiles son minas de oro que encierran posibilidades que no podemos negar, pues ello apagaría nuestra personalidad. Debemos aceptarlas para tener más energía y alcanzar así áreas por las que nuestro corazón ha estado suspirando toda la vida. Tómate el tiempo necesario para reconectar con tus sueños únicos.

Escucho y hago caso de mis sueños,
presentes y pasados.
Me permito jugar.
Tengo derecho a soñar y explorar
mis posibilidades.

Excusar al jurado

Muchos de nosotros vivimos bajo la tiranía de un jurado interior que diríase que ansía declararnos culpables por la más mínima violación de las normas. Si tenemos la tendencia a juzgarnos constantemente, creamos en nosotros un estado de estrés y desazón permanentes. En lugar de mantener esa situación en la que parece que estemos sometidas a antagónicos consejos que nos acusan, podemos atraer a nuestras vidas consejeros alentadores y comprensivos.

Para ser capaces de transformar nuestro jurado interior debemos estar profundamente convencidas de que tenemos derecho a ser quienes somos y lo que somos. Con gran empeño y disciplina, podemos cambiar el jurado por un cariñoso y alentador grupo de consejeros éticos. No debemos dudar de que tenemos la capacidad de convertir los retorcidos jueces de nuestro reparto de caracteres interiores en benevolentes admiradores.

Tómate unos minutos para recordar un momento en el que tu jurado interior te haya reprendido. Escucha esas voces interiores, sin tratar de cambiarlas. Fíjate en tus sentimientos cuando te echaban la arenga. Retrocede un poco y visualiza quién te hablaba. Pon caras a los miembros del jurado, imagínatelos con todos los detalles que puedas.

Ahora pide ayuda a un consejero cariñoso y sabio que te pueda ayudar a sustituir ese caótico jurado por un club de fieles seguidores. Si el consejero que aparece no está totalmente a favor de la transformación, no es la persona adecuada. Invítale a irse y pide a tu verdadero/a consejero/a que aparezca en tu mente. Con su ayuda, visualiza la sustitución de cada miembro del jurado por un animador benevolente. Cuando la imagen de tu club de seguidores esté completa, tómate unos momentos para disfrutar de su aceptación y ánimo.

> *Tengo derecho a ser yo.*
> *Invito a mi vida interior y exterior a*
> *personas que me apoyen y animen.*
> *Tengo el poder de cambiar lo que*
> *ya no deseo.*

4. Aceptar vivir sin reprobaciones

Siempre me fijo en lo bueno que hay en las personas y dejo lo malo para Él, que hizo la humanidad y sabe cómo limar las asperezas.

La madre de Goethe

Innumerables relaciones encallan en las rocas de la desaprobación y la acusación. Para disfrutar de unas relaciones agradables, amistosas y de apoyo mutuo, debemos practicar el arte de vivir sin reprobar. Esto no significa que nos convirtamos en un títere y permitamos que los demás nos pisen, sino que aprendamos a refrenar nuestras críticas hacia los demás e insistamos en que ellos hagan lo mismo con nosotros.

Para vivir sin reprobaciones debemos aceptarnos y apoyarnos a nosotros, a nuestros amigos y a las personas que queremos. El vivir sin reprobaciones infunde confianza; significa no despreciarnos ni reírnos de nosotros ni de los demás. Cuando haya que afrontar temas espinosos, conviene comentarlos para tratar de llegar a un acuerdo y buscar soluciones, pero sin acusar a nadie por la situación creada.

Todo el mundo es imperfecto, y si eso se nos dice con críticas se pondrá un dique al flujo de los buenos sentimientos. Si, en cambio, se nos anima y apoya, se nos ayudará a convertirnos en la mejor persona que somos capaces de ser.

Al establecer un apoyo mutuo aceptando vivir sin reprobar tendremos una excelente póliza de seguros para crear relaciones satisfactorias y, por ende, una vida más feliz.

Reconocer las situaciones áridas

Muchas de las que nos preocupamos por el medio ambiente cultivamos nuestro huerto con plantas y arbustos fuertes y resistentes que requieren muy pocos cuidados, creando lo que se llama un paisaje árido. Eso es un acto responsable por lo que concierne a nuestro jardín, pero no es tan bueno para nuestra vida personal. Numerosas mujeres vivimos vidas emocionales áridas, que apenas mantienen nuestras raíces –por no hablar de permitirnos florecer hermosamente–, a cambio del sustento emocional que recibimos.

Para sostenernos emocionalmente debemos cuestionarnos con sinceridad si nuestras vidas y relaciones nos apoyan, nos dan suficiente amor y atención para salir adelante o si, por el contrario, nos morimos de sed. También debemos analizar si proporcionamos a los que queremos suficientes atenciones emocionales.

Si nos hemos establecido en una situación estéril, debemos encontrar la manera de devolverla a la vida o, si es imposible, crearnos algún oasis: personas que nos aprecian, actividades que nos realicen o aficiones que nos agraden.

Podemos aprender a regar nuestro paisaje y crear

un floreciente jardín con nuestra vida. Cierra los ojos poco a poco y visualízate en un frondoso jardín. Admira la belleza de ese sitio especial al que sientes que realmente perteneces. Percibe cómo te elevas por los paisajes y los aromas del mágico oasis. Encuentra un lugar agradable y ponte cómoda. Ahora imagina qué flor serías si formases parte de ese jardín. ¿Qué necesitas para mantenerte sana y floreciente? ¿En qué medida puedes empezar a aportar lo que necesitas en tu vida diaria?

En vez de esforzarnos por sobrevivir en un paisaje yermo, prestemos más atención a nuestros deseos y necesidades y busquemos fuentes donde aplacar la sed. Una vez satisfechas, daremos amor a los demás.

Me siento rebosante y me doy a mí misma
y a los demás.
Merezco cuidados y aprecio.

Poseer nuestra propia proyección

Para mantener unas relaciones satisfactorias es importante saber realmente quién somos y apoyarnos y ser honradas con nosotras mismas. Esto es esencial porque, en la medida en que nos desconocemos o no vemos nuestros aspectos vulnerables y nuestros prejuicios, proyectaremos inconscientemente esos defectos en nuestras relaciones con los demás.

Por ejemplo, si nos regañamos y juzgamos cuando cometemos una equivocación, es probable que pensemos que otras personas también nos juzgan, cuando, de hecho, puede haberles pasado totalmente inadvertido el error.

Cuando decimos cosas como «No me lo permitirá» o «No escuchan» debemos preguntarnos si en realidad estamos proyectando el sentimiento interior de que «No me fío de que yo pueda hacer eso» o «No me escucho porque temo no tener nada interesante que decir». Si es así, necesitamos revisar y corregir nuestros guiones interiores y los sentimientos que crean.

Es imposible pedir a «los demás» que nos traten como ni siquiera nosotras nos tratamos. Por ello, cuando proyectamos nuestros objetivos pendientes en los demás, debemos ser conscientes de ello para reformar esas proyecciones y remediar los erróneos conceptos sobre nosotras que las crean.

Somos autoras de nuestras vidas y podemos escribir nuevos guiones favorables atribuyéndonos un papel de mujeres dignas, merecedoras de cariño. Así es más probable que los que nos rodean nos aprecien de veras, con lo cual mejorarán nuestras relaciones.

> *Quiero ser consciente de mis proyecciones.*
> *Tengo el coraje de curar las heridas*
> *emocionales que me impiden tener*
> *buenas relaciones.*
> *Me quiero y me apoyo.*

Arrojar el guante

Arrojar el guante es invitar a un duelo, es desafiar a alguien diciéndole «¡Te reto!» con la barbilla bien alta. Si bien este tipo de actitud puede ser adecuada en los deportes u otros contextos, no favorece las relaciones personales armoniosas. Las personas que se apoyan no plantean retos con los guantes de la acusación ni de la competición. En lugar de incitar así al duelo, tratan de eliminar la acusación y jugar limpio. No es el desafío, sino la cooperación lo que conduce a unas relaciones satisfactorias.

Si nos damos cuenta de que tenemos una actitud agresiva en una relación, debemos echar el guante *fuera*, a la basura, no *al suelo*, frente a la otra persona. Cuando tratamos de aprender a vivir solidariamente, elegimos comunicarnos de manera que en lugar de competir con los demás nos complementemos, y fomentemos la armonía en lugar del disentimiento.

Siéntate tranquilamente, cierra los ojos y deja que aparezca en tu mente una relación en la que discutas con alguien, una situación que sea un desafío y una frustración para ti. Observa esa situación sin ánimo de juicio. ¿Qué guante has echado? ¿Qué estás reprochando? ¿Qué desafío has rechazado?

En los ojos de tu mente, retrocede lentamente de la escena e imagínatela desde tu más elevada personalidad. Reflexiona cómo puedes eliminar la acusación y arreglar la problemática situación llevándola hacia la comprensión y la cooperación en lugar de hacia el convencimiento y el vencimiento.

Puesto que es difícil permanecer abierto y vulnerable frente a un adversario, cuando se arroja un guante suele haber una víctima: la intimidad. No cabe duda de que conviene cambiar de táctica; si se tiene la actitud de colaborar e interés por comprender, se capta más dulzura en la vida.

> *No me acuso ni acuso a los demás.*
> *Me comunico sin ánimo de juico con*
> *la comprensión como finalidad.*
> *Soy agradable.*

Reconocer a quién pelea

Nuestros sentimientos surgen muchas veces de viejos miedos que mantenemos enterrados en el baúl del pasado. Cuando emergen esos sentimientos podemos actuar de modo irracional, desconcertando y atemorizando a aquellas personas –incluyéndonos a nosotros– con las que mantenemos una relación más emocional. Con frecuencia la frustración provoca enfrentamientos. Para clarificar las cosas, necesitamos saber quién combate.

Lana y su novio, Mitchell, tenían una terrible discusión. Al ver la cara de Lana, que reflejaba un pánico aparentemente irracional ante la boda, él se retrayó en un silencio gélido. Entonces ella, sintiéndose abandonada, le gritó que iba a cancelar la boda. Él respondió saliendo de la casa, enojado. Lana me llamó entre sollozos. Después de escuchar su relato, le pregunté quién se sentía abandonada. Lo pensó y dijo de inmediato: «¡Oh! Creo que soy yo a los tres años».

Cuando contaba tres años de edad, Lana tenía razones de peso para temer que la abandonaran; ahora su personalidad adulta reflejaba ese viejo miedo ante el compromiso del matrimonio que estaba a punto de contraer. Después de explicarle a Mitchell de quién tenía miedo en su reparto interior de caracteres, él no se sintió intimidado por la Lana de tres años; a él le había ocurrido algo parecido, su niño inseguro se había atemorizado al verse rechazado por un iracundo adulto.

Los puntos de vista que Mitchell y Lana intercambiaron, a partir del enfrentamiento que tuvieron antes de casarse, les llevaron a comprometerse a ayudarse mutuamente para discernir «quién discute» cuando, en el futuro, volvieran a surgir sentimientos aparentemente infundados. Con una renovada apreciación por la sensibilidad y la vulnerabilidad de cada uno, y sabedores de que podrían reconfortar y apoyar a su propio niño interior asustado y al del otro, se casaron cuando estaba previsto.

Si los sentimientos desconcertantes te encogen el estómago y te da la impresión de que van a surgir discusiones, pregúntate de quién proceden realmente esas emociones. Probablemente te encontrarás cara a cara con un viejo temor. La persona que siente ese miedo necesita y merece que la aceptes y tranquilices.

> *Me apoyo emocionalmente observando*
> *quién, en mi interior, está atemorizada.*
> *Consuelo y apoyo a mi necesitada*
> *niña interior.*

Sé amable contigo
y con los demás

Mucho antes de que George Bush empezara a hablar sobre Estados Unidos como un país más amable, mis papeles llevaban impresa la reflexión: «Sé amable contigo y con los demás». La gente solía responder a ese pensamiento diciendo cosas como «me gustaría *poder* vivir con más amabilidad».

Una manera de aprender el arte de vivir con amabilidad es mantener la palabra *amable* o *amablemente* en nuestra conciencia. La *amabilidad*, junto con sus sinónimos *bondad*, *consideración*, *paciencia* y *ternura*, se pierde fácilmente en el ajetreo de nuestros absorbentes días. En la vida cotidiana, el concepto de amabilidad nos viene pocas veces a la cabeza.

Cuando volví a aprender a dejar de ser huraña conmigo misma y tratarme con amabilidad, puse pequeñas notitas con la palabra «amable» en la cartera, la nevera, el despacho y el diario. Cada vez que la leía me recordaba que yo podía tratarme a mí y a los demás de otra forma, con una actitud de apoyo y ánimo. Ahora, cuando tengo pensamientos negativos o juzgo a los demás, suelo preguntarme si eso es amable. Muchas veces ese detalle ya me basta para pasar de una situación en la que me siento incómoda a una situación agradable.

Cuando dispongas de una tarde para meditar un poco, repasa mentalmente el día o la semana que acaba de transcurrir. Pregúntate si hubo momentos en los que te hubiese gustado comportarte con más amabilidad. Si es así, recrea esas escenas como si ya tuvieses el hábito de caminar amablemente por tu vida. Empápate de las sensaciones que te produce hacer ese cambio en tus actos y respuestas.

Ahora podemos comprometernos a ser más amables. Al vivir con amabilidad se forma un aura de paz en nuestras vidas, algo que nos reconfortará profundamente ayudándonos a nosotras y a las personas con las que nos relacionamos.

> *Vivo amablemente conmigo y con los demás.*
> *Soy una persona amable y cariñosa.*
> *Con mi espíritu amable, hago la vida más*
> *agradable para mí y para los demás.*

Competir con nuestro caballero interior

Aunque todos tenemos tendencias y talentos masculinos y femeninos, en la sociedad occidental se valora más lo masculino, lógico y lineal. Sin darnos cuenta, nos evaluamos frecuentemente con estándares sociales y nos confundimos sobre lo que vale la pena y es más apropiado para nosotras. Nuestra devaluada feminidad, que aporta intuición, sabiduría y empatía, necesita competir por un lugar y un poder frente a nuestro masculino caballero interior cuyos atributos incluyen la realización del trabajo, la dirección y la motivación.

No debemos separar, sino integrar los aspectos masculinos y femeninos de nuestro ser. Si los aceptamos y confiamos en ambos, a nuestro caballero interior le resultará más fácil liberarse de su armadura emocional y rescatar a nuestra damisela de las garras del dragón de la victimización y la debilidad a la que ha sido circunscrita por los estrechos puntos de vista de la sociedad. Si sintetizamos nuestros variadas, aunque igualmente válidas, cualidades y capacidades formaremos un todo, equilibrado y armónico.

Tómate unos minutos para visualizar sin esfuerzo a tu caballero y tu dama; ¿pueden trabajar juntos armoniosamente? En caso afirmativo, felicítalos y disfruta observando su danza. Si no es así, anímales a empezar a comunicarse entre sí. ¿Qué temen? ¿Qué quieren y qué necesitan del otro? ¿Cómo pueden iniciar una cooperación sincera y duradera y apoyarse mutuamente? Al principio no esperes milagros. El solo hecho de ser conscientes de nuestros aspectos femeninos y masculinos y entablar un diálogo entre ellos es muy beneficioso.

La búsqueda de unas relaciones de apoyo mutuo se extiende no sólo a las personas con las que vivimos, sino también a las personas que viven con nosotras. Si nos conocemos y aceptamos nuestras distintas facetas, podemos detener las guerras civiles interiores y aprender a vivir como una persona íntegra, productiva, positiva y equilibrada.

> *Quiero y acepto mis características*
> *femeninas y masculinas.*
> *Acepto todas mis facetas.*

Volar hacia la llama

¿Te has sentido alguna vez como si tuvieses la mente llena de frenéticas polillas revoloteando alrededor de la llama de un insulto o una herida? A veces, por mucho que tratemos de dominarlos, los pensamientos insisten en acercarse al fuego del dolor y volar a su alrededor y terminamos sintiéndonos quemados por la cólera, la culpa u otra emoción igualmente perturbadora.

Durante una pelea con mi marido en la que no conseguía hacerle comprender por qué estaba tan enfadada, mis pensamientos giraban frenéticamente. Los tambores a los que respondían estaban llenos de cantos con reproches: *él debería*, *yo no debería* y *si fuese posible que*. No me podía dormir y, puesto que estábamos en la habitación de un hotel, no tenía adónde ir para meditar un rato tranquilamente. Me sentía cada vez más resentida mientras seguía tendida, exhausta, sin dejar de dar vueltas a mis penas.

Cuando ya despuntaba el alba empecé imaginarme los pensamientos como polillas kamikazes que volaban con determinación hacia la llama de mi rabia. Con esa valiosa impresión, empecé a calmar mis polillas y aplacar la llama hasta que conseguí dormirme.

116

Si te encuentras *con la mente apolillada*, haz la siguiente meditación. Cierra los ojos y evoca una imagen de tus pensamientos como polillas. Fíjate en la llama de tu resentimiento o tu enojo y observa cómo tus pensamientos giran peligrosamente a su alrededor. Intencionadamente aviva la llama para que queme más. Mira cómo la llama crece y baila. Entonces, lentamente y sin juzgar, cúbrela con algo para dejarla sin oxígeno y que se apague. Mientras la llama quema cada vez menos, recoge suavemente las polillas y libéralas en una hermosa pradera llena de aromáticas flores.

Cuando nuestros pensamientos están obsesivamente centrados en la llama del dolor emocional, debemos reconducirlos hacia una imagen relajante o una afirmación que favorezca la paz mental. Una de las frases más reconfortantes que he utilizado en momentos así es: «Con la ayuda de Dios, que me da fuerzas, podré hacerlo todo».

> *Puedo cambiar mis pensamientos.*
> *Libero la ira y el resentimiento con facilidad.*

Extraer las espinas

Si tenemos una espina en el dedo, nuestra reacción natural es sacarla, eliminar la causa del dolor. Muchas permitimos que se nos claven espinas emocionales y no pensamos que tenemos el derecho de sacarlas. Las espinas emocionales se deben a distintos motivos que van desde una relación que perjudica nuestro amor propio, hasta el hecho de arrepentirnos o sentirnos culpables por algo que hicimos o que nos hicieron. Cuando tenemos una espina emocional, debemos plantearnos cuál es el modo más conveniente de tratar el problema, pues si lo ignoramos, puede supurar e infectar gravemente nuestras actitudes.

Sherry, cuya madre es alcohólica, ilustra tristemente los efectos devastadores de no prestar atención a las espinas emocionales. Cuando Sherry era niña cuidó de su madre y no la criaron como necesitaba y merecía. De adulta, Sherry siguió cuidando a su madre, pero sus sentimientos hacia ella se convirtieron en resentimiento y amargura.

Aunque externamente hizo todo lo que debía, en su interior la espina emocional de la pena que sentía respecto a su infancia fue volviéndose cada día más venenosa. Prudentemente buscó consejo y aprendió a criar a su niña interior satisfaciéndole sus anhelos. Desterró de su mente las principales frases de su letanía de arrepentimientos y las sustituyó por afirmaciones en las que se valoraba.

También aprendió a establecer límites. En una ocasión su terapeuta le dijo: «En la Biblia hay una frase que, más o menos, dice así: 'Tienes derecho a apartarte de los que significan una vejación para tu espíritu'». Hoy en día se limita a cuidar a su madre en la medida en que puede hacerlo sin resentimiento. Ahora se reafirma cuando lo necesita y trata de recordar que tiene derecho a sacarse las espinas emocionales.

Intuitivamente sabemos quién y qué nos conviene. Si en lugar de juzgar nuestras flaquezas, nos escuchamos con aprecio y nos fiamos de nuestro saber, sabremos cuándo nos conviene sacar nuestras espinas emocionales y nos permitiremos hacerlo.

Me animo a curarme.
Tengo la valentía de sacar las dolorosas
espinas emocionales.

Combatir la falta de respeto

Para sentirnos aceptadas y apoyadas en nuestro entorno, es esencial que nos respetemos y hagamos lo propio con los demás. Para empezar, somos muchas las que no hemos exigido a los demás que nos respeten y también nos hemos faltado al respeto. Para cambiar ese modelo, debemos cultivar una mentalidad de *rebote*, de manera que cuando nos traten bruscamente o nos veamos excesivamente presionadas por personas exigentes entre las que nos incluímos, nos neguemos a cooperar.

Para que nuestra vida se caracterice por el respeto es importante que nos rebelemos ante cualquier falta de respeto que tengamos con nosotras mismas. Con perseverancia se puede conseguir perder la costumbre de no respetarse. Sin recriminaciones y con gentileza debemos observar nuestros razonamientos para detectar si hay señales de que nos devaluamos y acusamos; en tal caso podemos cambiar esa conducta por una actitud de apoyo, libre de acusaciones hacia nuestra persona, y crear un razonamiento que subraye e incentive nuestro amor propio. Por ejemplo, cuando oímos que nuestra voz interior dice algo irrespetuoso como «Soy incapaz de *hacer algo* bien», debemos interrumpir y decir «¡Eh! eso no es cierto» y cambiar la frase por una expresión respetuosa.

Este principio es igualmente válido cuando empezamos a insistir en el respeto de los demás. Si en el trabajo te dan responsabilidad sin poder, o en casa esperan que saltes dispuesta al primer grito de requerimiento de un niño o un adulto excesivamente exigente y malcriado, pregúntate si te sientes respetada. Si la respuesta es no, *¡cambia de actitud!* Puesto que es cierto que los demás nos tratan cómo les enseñamos a hacerlo, es esencial que nos neguemos a ser tratadas despectivamente si queremos ganar el respeto de los demás.

Aunque cuando recabemos el respeto de los demás es posible que, al principio, la gente que nos rodea se sorprenda y se resista a tratarnos así, aunque, lo más probable es que finalmente recibamos el trato que pedimos con insistencia.

> *Merezco ser respetada.*
> *Me respeto.*
> *Espero e insisto en que los demás me traten*
> *con respeto.*

Calmar el mar interior

Una gran parte de las tormentas de nuestras vidas responden a la necesidad de tener razón. En no pocas ocasiones sentimos rencor porque tenemos el convencimiento de que tenemos *razón*. Y quizá sea cierto. Pero deberíamos preguntarnos si esa testaruda insistencia de que la otra persona sepa que tenemos razón nos hace más felices o levanta un dique entre nosotros. El doctor Gerald Jampolsky (autor de *Love Is Letting Go of Fear*) se plantea una maravillosa frase: «¿Qué prefiero, tener razón o ser feliz? Yo sé lo que prefiero, ¿y tú?».

Es difícil abandonar la idea de tener razón porque, mientras no creamos sólidamente en nuestra valía, una gran parte de nuestra seguridad y amor propio procede de la creencia de que tenemos razón. Pero vivir con la actitud de que «conviene que lo vean como yo» o «Debo tener razón» conduce a una tormentosa vida llena de resentimiento.

Una pareja que acudía a mi consulta mantuvo en una ocasión una candente discusión sobre las costumbres de los tiburones blancos. Cada uno estaba seguro de tener razón respecto a algunos detalles y cuanto más trataban de convencer al otro, más se enfadaban. Finalmente, uno de ellos exclamó con una mueca de pesadumbre: «Al fin y al cabo, ¿a quién diablos le importan los tiburones?». Dicho eso los dos se pusieron a reír y el proceloso mar emocional se calmó.

Calmar nuestro mar interior decidiendo que preferimos ser felices antes que tener razón, no significa que demos la razón al otro o renunciemos a nuestras creencias. Sólo implica que elegimos restar importancia a las cosas banales, respecto a las que tenemos una testaruda tendencia a machacar.

Como dijo Emmet Fox (fundador de Religious Science): «Cuando estás resentido con alguien, hay un vínculo cósmico que te une a esa persona». Queremos y necesitamos *mantener una relación* solidaria y cariñosa con los demás, sin estar *atados* a ellos por el resentimiento, la resistencia y la necesidad de tener razón.

Elijo ser feliz y así calmo mi mar interior.
Me permito flotar sin resentimientos.
Me quiero y acepto cuando tengo razón
y cuando no la tengo.

Viajar en compañía y volar sola

Muchas hemos recorrido toda nuestra vida acompañadas; el estar íntimamente vinculadas a otras personas obliga a tener que llegar siempre a un compromiso, para todo, desde cómo administrar el dinero y dónde vivir, a qué película ir a ver o qué cenar. Y, por regla general, anteponemos los deseos de los demás a los nuestros.

Para desentumecer los músculos que sirven para tomar decisiones, debemos animarnos a volar solas, por lo menos unas horas cada semana. Necesitamos estar solas para recargar y renovar nuestra capacidad para saber lo que queremos y *hacer,* sólo por nosotras, lo que nos parece bien.

Priscilla había esperado con anhelo un sábado en que toda su familia se iría y ella podría disponer de todo el día para ella. Pero en vez de relajarse en paz y tranquilidad o entregarse enérgicamente a su afición preferida, se puso a vagar por la casa. Al llegar el mediodía ya había comprendido, desconcertada, que su vida había girado tantos años en torno a los deseos de los demás que había *olvidado* qué le gustaba hacer.

Tenemos la responsabilidad de convertirnos en la

mejor persona que podemos ser y tenemos derecho a dedicar para nosotras solas el tiempo necesario para volver a comunicarnos con esa persona. ¿Qué cosas te gustan y cuáles no? ¿Cuáles son tus deseos y talentos? ¿Qué objetivos tienes? ¿Qué dones particulares tienes que ofrecer? Basta con que te preguntes periódicamente «¿Qué quiero hacer?», «¿Cómo me siento?» y «¿Qué puedo hacer aquí?» para flexibilizar las alas y poder volar hacia una libertad personal responsable.

Si volamos a solas con regularidad volveremos a hacernos realmente presentes para nosotras mismas y, cuando aceptemos que nos va bien tener tiempo para nosotras solas, podremos ser más cariñosas y receptivas con los demás. El volar a solas nos confiere un carácter más compatible y comprensivo para viajar en compañía.

> *Decido las cosas fácilmente.*
> *Tengo tanto derecho a la soledad como*
> *a la compañía.*
> *Sé lo que quiero.*

Liberarnos de la dependencia

Si continuamente miramos a los demás para sentirnos seguras, confiamos en ellos para que nos hagan creer que valemos la pena y contamos con su amor para pensar que merecemos que nos quieran, responsabilizamos o otra persona de la calidad de nuestra vida. Eso nos hace excesivamente dependientes, cosa que, en cualquier caso, es negativa. En las relaciones sanas hay una *inter*dependencia mutua, pero debemos deshacernos de la dependencia que perjudica nuestro amor propio y nuestro bienestar.

¿Dependemos en principio de nosotras para apoyarnos, animarnos y aceptarnos, o solemos buscar eso fuera de nosotras y dependemos de que los demás nos lo proporcionen? Es evidente que hay veces en que es natural y apropiado buscar seguridad en los demás; sin embargo, debemos ser nuestra principal animadora. Es preciso que tengamos en nosotras una constante amiga con quien podamos contar para que nos anime y cuide en cualquier circunstancia.

Cierra suavemente los ojos y ponte cómoda. Imagínate en un lugar bonito, sereno y seguro. Sumérgete lentamente en el ambiente de ese sitio especial. Invita a estar contigo a una presencia que simbolice tu seguridad interior. Puede aparecer como persona o como símbolo, como un animal o una luz blanca; cualquier símbolo es válido en la medida en que sientas que te quiere y que estás bien en su compañía. Empápate de la sensación de estar protegida y formar un todo con tu seguridad interior. Pregúntale cómo puedes conocerla mejor y llamarla cuando la necesites. Dale las gracias por aparecer ante ti y hazle saber lo mucho que la aprecias.

Cuando aprendamos a confiar en nuestra fuerza inherente y la aceptemos como una parte integral de nuestra personalidad superior, dejaremos de depender excesivamente de los demás para dar paso a la interdependencia de apoyo mutuo.

Confío en mí.
Soy la persona más experta en mí.
Me apoyo incondicionalmente.

Cultivar el desapego compasivo

¿Has actuado alguna vez como una aspiradora emocional, que se cuela en los recovecos de dolor de los demás y lo absorbe como si fuera suyo? Es una equivocación pensar que si queremos a los demás debemos actuar así. Es importante prestar atención a los demás, comprendiendo sus sentimientos, pero es igualmente importante que evitemos simpatizar con ellos hasta el punto que nos afecten igual a nosotros. Si simpatizamos con los demás hasta ese extremo, no les aliviamos su trastorno y, en cambio, mermamos nuestra capacidad de ayuda, porque entonces son nuestros los sentimientos que nos absorben y nos impiden concentrarnos en su experiencia.

Una manera de ayudar cariñosamente a los que padecen es cultivar el desapego compasivo, que requiere tener profundos sentimientos hacia la otra persona, comprender la dimensión de su pena, sin quedar inmersas en ello ni asumir la responsabilidad de *resolver* o *mejorar* la situación. Prestar atención solidariamente a la aflicción de otra persona es más constructivo que tratar de *componerla*. Cada cual debe encontrar sus propias soluciones y el mejor regalo que se puede encontrar en el recorrido es sentirse respaldado y animado por los demás.

Cuando siento un dolor que no comprendo o me doy cuenta de que he absorbido el dolor de otra persona, me va muy bien rezar esta oración: «Padre/Madre Dios, si este dolor no es mío, te pido que lo lleves al preciso lugar que le corresponde y que ahí se transforme en perfecta y adecuada energía. Si el dolor es mío, quisiera comprender a qué se debe. Gracias».

El cultivar el distanciamiento compasivo nos libera de los «dolores simpáticos» y nos permite implicarnos de verdad con los demás proporcionándoles nuestro decidido apoyo y ánimo.

Libero todos los sentimientos que no son
míos para que sigan su perfecto recorrido.
Soy una persona compasiva y decidida.
Me preocupo por las cosas,
pero no cargo con ellas.

Coser la manga deshilachada

El sueño, como dijo Shakespeare, teje la deshilachada manga del cuidado. ¿Quién no se acuesta a veces con las mangas considerablemente estropeadas? Necesitamos dormir para recuperar nuestros recursos emocionales, físicos, mentales y espirituales.

Pero del mismo modo en que un anoréxico priva a su cuerpo de comida, a veces nos privamos de descanso porque tratamos de dormir en un entorno que nos abruma porque la persona con la que dormimos estira la sábana, tiene insomnio o ronca.

Diane se levantaba penosamente cada mañana cansada y resentida, habiendo pasado otra noche tratando en vano de que su marido dejara de roncar. Por la mañana tenía los nervios destrozados, la creatividad menguada y estaba amargada. Casi le odiaba, por ser el involuntario causante de su tortuoso insomnio. Cuando hablé con Diane sobre su dilema, la animé a que se ayudase buscando un lugar cómodo donde dormir en paz. Aunque ello le hizo sentirse un poco culpable e inquieta, hizo acopio de coraje y se trasladó a otro dormitorio.

Hace poco me dijo que ese cambio había salvado

su matrimonio. Observando a Diane y su marido riendo cogidos cariñosamente de la mano, comprendí que habían forjado una nueva relación desde el momento en que ella decidió cuidarse.

Si nuestras vibraciones nocturnas no combinan bien con las de la persona con la que compartimos la cama, esto puede significar que necesitamos un dormitorio para nosotras solas. El cliché de dormir en el sofá no tiene por qué ser una imagen despectiva sobre el estado de nuestra relación, pues puede significar que nos ayudamos creando un cómodo santuario, un refugio donde podemos descansar lo necesario y tejer nuestra manga enredada de cuidado sin que nos molesten.

Cuando dormimos bien por la noche es probable que estemos mejor dispuestas a aceptar y ayudar a las personas que tratemos durante el día.

Duermo fácil y tranquilamente.
Tengo derecho a dormir en un sitio cómodo
y tranquilo.

Dejar atrás la vergüenza
y la culpa

A quien más veces mancillamos con sentimientos de
vergüenza y culpa es a nosotras mismas, principal-
mente porque creemos que hemos fallado en algo.
Quizá «deberíamos» haberlo hecho mejor, o «no deberíamos» haber abortado o «deberíamos» haber sido
capaces de *hacerle* dejar la bebida. Algunas podemos
pasarnos la vida así.

La actriz Mary Pickford tenía al respecto un punto
de vista que nos convendría adoptar: «Si te equivo-
cas..., siempre tienes otra oportunidad... Puedes empezar de nuevo cuando quieras, porque lo que llamamos "fracaso" no es caer, sino quedarse abajo». Y somos
pocas las que nos quedamos abajo.

Sadie hablaba con su hija Ashley sobre el pasado.
Ashley dijo a su madre que le explicaría las cosas que
le habían resultado difíciles, pero que no quería que se
sintiese culpable. Sadie, que a base de esfuerzos se había ganado su amor propio, la tranquilizó: «Lo tengo
superado. Pasamos las mismas circunstancias, pero yo
no las causé. Si lo hubiese sabido, habría cambiado la
situación. Lo hice lo mejor que pude». ¿Acaso no lo
hacemos todas?

Haz una lista de tus aparentes fallos, de los «debería» sobre los que te sientes avergonzada y culpable. Pregúntate si en cada ocasión hiciste lo mejor que supiste; si es así, busca una forma simbólica de liberar tus sentimientos. Por ejemplo, una amiga mía me dió una vasija con una etiqueta en la que se leía: «Debería»; periódicamente vaciaba los pedacitos de papel en los que había escrito mi vergüenza y mi culpa y los quemaba como símbolo de liberación y avance.

El pasado es irrecuperable y el futuro es desconocido. Lo hicimos lo mejor que pudimos y ya es hora de que nos perdonemos nuestros aparentes fallos, nos felicitemos por levantarnos después de caer, y dejemos atrás los remordimientos. ¡Qué forma más maravillosa de hacer más cómodas nuestras vidas!

Me perdono por lo que considero como
fallos que cometí.
Merezco liberarme de la vergüenza
y la culpa.

Aceptar nuestras formas de ser anteriores

A medida que pasamos por la vida, desempeñamos muchos papeles; en distintas etapas de nuestra vida diríase que somos personas totalmente diferentes. Es posible que ahora, al recordar cómo éramos en otros momentos, sintamos vergüenza y arrepentimiento, pero si nos hemos propuesto reconfortarnos es necesario que repasemos las páginas de nuestra historia y abracemos a esas personalidades.

Tuve una experiencia por la que me di cuenta de la facilidad con la que acumulamos juicios contra nuestras formas de ser anteriores. En una reciente conversación mi ex marido me dijo que nunca sintió atracción sexual por mí. Explicó que siempre le habían cautivado las morenitas. Y yo no soy así.

Esa revelación me dolió pero, sobre todo, me alivió. Siempre me había sentido causante del fracaso de mi matrimonio (después de todo, una mujer que vale la pena puede hacer que un hombre permanezca a su lado ¿no es así?). Pero entonces supe que no hubiese podido cambiar mi apariencia física para gustarle.

Durante la meditación invité a la Sue veinteañera –nerviosa, rolliza e infeliz–, a mi presencia. Se acercó con cautela, puesto que yo siempre le encontraba fallos. Le di la bienvenida y le aseguré que la comprendía, que hizo todo lo que pudo, que el fracaso de su matrimonio no fue culpa suya ni de su marido, pues ambos eran demasiado jóvenes e incapaces de hablar con franqueza sobre sus necesidades. Abracé a mi joven y anterior personalidad, aceptándola en mis brazos maternales, y le pedí que me perdonara por todas las cosas de las que la había acusado estos años. Lloramos, nos reconciliamos y ella se relajó y dejó de desconfiar.

Tómate unos momentos para retroceder en tu vida. Trata de recordar una imagen de una personalidad anterior tuya, una que necesite tu aceptación. Imagínate que las dos estáis envueltas en una clara y balsámica luz blanca. Deja que la luz fluya por vosotras y a vuestro alrededor, cicatrizando cualquier separación y uniéndoos en el amor. Desde la sabiduría de tu edad actual, busca y acoge en tu corazón a esa personalidad tuya más joven.

> *Acepto mis formas de ser anteriores.*
> *Me convierto en una madre cariñosa con*
> *mis personalidades anteriores que necesitan*
> *mi perdón.*

Ser saludablemente egoísta

El miedo a parecer –¡Horror!– egoísta, nos puede llevar a entregarnos hasta que nos quedemos exhaustas y secas. Un manantial seco no tiene nada que ofrecer. El egoísmo puede ser una virtud que genere una fuente permanente de bondad que nos permita ser generosas con los demás.

No cabe duda de que una persona trata al prójimo como se trata a sí misma. Si se ama ante todo a sí misma, puede amar mejor a los demás y si trata de satisfacer sus propios deseos y necesidades, también podrá hacerlo por los demás. Los que realmente se aman a sí mismos –es lo contrario de ser egocéntrico– pueden confiar, aceptar y apoyar a las personas que les rodean, no desde una posición de «Necesito, por lo tanto, doy con la esperanza de recibir», sino de «Doy libremente».

Siéntate tranquilamente y presta atención a la respiración, sin intentar modificarla. Después de fijarte durante unos momentos en cómo respiras, trata de hacerlo más profundamente. Inhala el aire de un universo de amor y exhala el aire utilizado a un universo de aceptación. Imagina que eres un recipiente, un vaso para agua sagrada. Si estás a punto de desbordarte, tienes mucho que ofrecer al mundo. Si no estás llena, tienes la tarea de llenar *egoístamente* tu vaso. Mientras aspiras, observa cómo tu vaso se llena con agua cristalina; al espirar, libera tus viejas ideas sobre el egoísmo. Inspira y llena, espira y vacía.

Haz una lista de las cosas que te gustaría hacer para ti y que no has hecho hasta ahora porque creías que serías demasiado egoísta. Si haces esas cosas, ¿tendrás una vida más rica?, ¿serás más feliz?, ¿estarás más tranquila?, ¿podrás liberar algún resentimiento?, ¿tendrás la sensación de que puedes contar más contigo? Si respondes afirmativamente a alguna de esas preguntas, tu vida y tus relaciones se beneficiarán de la inyección de un poco de egoísmo. Así pues, date permiso para ser egoísta.

*Tengo el derecho y la responsabilidad
de cuidarme.
Levanto mi vaso a la Vida y permito que
se llene hasta el borde.
Cultivo la virtud del sano egoísmo.*

5. Encontrar la libertad en los sentimientos honestos

No hay que pretender comprender el mundo sólo con el intelecto; se entiende igual de bien con el sentimiento.

Carl Jung

Frecuentemente calificamos nuestros sentimientos como buenos o malos, aceptables o inaceptables, y pretendemos que en nuestra vida sólo figuren los buenos y aceptables. Eso no acostumbra ser tan simple, porque con frecuencia los sentimientos son ilógicos y se asocian a viejas creencias y experiencias.

Imagina que tienes un tubo galvanizado lleno de agua y pelotas de ping pong, rojas y blancas. Supongamos que te han dicho que las bolas rojas son malas y debes mantenerlas bajo la superficie del agua. ¿Cómo puedes hacerlo sólo con dos manos? La única manera que se me ocurre es cortar un trozo de madera del tamaño del tubo y mantener debajo todas las bolas, las blancas y las rojas. Con los sentimientos sucede lo mismo. Si sumergimos los sentimientos que consideramos –me pregunto en función de qué estándares– «inaceptables», también suprimimos necesariamente otros. Nos quedamos entumecidos. Nuestras vidas pierden su brillo y excitación y nos confundimos sobre quién somos realmente.

Si somos conscientes de nuestros sentimientos y los aceptamos, expresándolos creativa y constructivamente, dispondremos de libertad para ser completamente humanos.

Aceptar nuestras imperfecciones

Nos otorgamos una inconmensurable libertad cuando dejamos de castigarnos por nuestras imperfecciones. El hecho de no ser perfecto es inherente al ser humano. Eso no implica que no nos esforcemos para ser lo mejor que podamos, sino que nos comprometamos a ser tolerantes. Si nos observamos desde una perspectiva interior alentadora, tenemos más posibilidades de transformar nuestras imperfecciones que si tendemos a juzgarnos.

Hace muchos años, cuando empecé a darme cuenta de lo importante que era quererme, conocí a un hombre que me enseñó un atajo para aceptar la imperfección. Cecil, hijo y nieto de pastores baptistas, era ex pastor. Describió a su familia como una saga de personas que rechazaban la imperfección. Para liberarse de esa necesidad que sentía de ser perfecto, solía exclamar en tono humorístico: «Cometí un fallo, procésame».

Adopté su lema y, durante años, cuando me sentía abrumada de vergüenza por hacer algo o reaccionar de modo que no era del todo perfecto, mascullaba para mis adentros: «Me equivoqué, procésame». Finalmente, empecé a creer que no tenía que ser totalmente perfecta todo el tiempo.

Si durante años hemos sido devotos de la perfección nos resultará difícil aceptar nuestras imperfecciones. Pero no sólo podemos aprender a aceptar nuestros pecadillos, sino también, si son inofensivos, a considerarlos partes deseables de nuestra peculiaridad.

Tómate unos momentos para pasarte por la mente un corto protagonizado por ti y una de las imperfecciones que te atribuyes. Obsérvate a ti y a tu idiosincracia como lo haría una abuela incondicionalmente cariñosa y entregada. Desde esa óptica trata de sonreirte cálidamente y aceptarte con tus imperfecciones. Si no puedes, repite otra versión del lema de Cecil: «Aunque me equivoco, me gusto y me acepto».

*Me quiero y me acepto aunque soy
imperfecta.
Me acepto incondicionalmente.*

Integrar el enojo

Integrar la ira en nuestra vida es crucial para nuestro bienestar. Puesto que de hecho la depresión de las mujeres se debe en gran parte a la cólera ahogada, si aceptamos saludablemente nuestro enojo nos resultará más fácil evitar la debilitante depresión.

Marie tenía sesenta y un años cuando pudo comprender por qué se sentía cada vez más deprimida y dependiente respecto a su marido y sus hijas. Después de leer varios libros sobre desarrollo personal, se unió a un grupo de apoyo. Un miembro del grupo leyó un poema sobre su dolorosa infancia y, al escucharlo, a Marie se le abrió una puerta por la que desfilaron años de rabia, miedo y ansiedad enterrados, producidos por la dolorosa historia familiar que empezaba con su separación de la familia a la edad de dos años.

Marie tuvo el acierto de buscar un grupo que la apoyara y aceptara mientras se liberaba del pasado. Cuanto más antiguos eran los sentimientos, más pequeña era la niña interior que los experimentaba. Esas niñas interiores necesitaban brazos seguros donde apoyarse en su paso del dolor hacia la curación. Marie necesitaba, como todo el mundo, que alguien le iluminara el camino cuando atravesaba los oscuros bosques de la infancia hacia la luz de su vida presente.

Con su grupo de apoyo, Marie encontró, mediante el siguiente ejercicio, una amiga interior que también la animó. Utilizando su dominante mano derecha, Marie escribió preguntas como ésta: «Marie, tienes 10 años, ¿cómo te sientes?». Con la mano izquierda contestaba: «Tengo ganas de llorar». A medida que siguió con su experimento, los mensajes de la mano derecha se convirtieron en los de la figura de una madre compasiva y la mano izquierda adoptó el papel de su niña interior, herida en sus sentimientos.

Cuando comenzamos a integrar nuestra rabia, debemos tener presente que enfadarse sólo es una parte del proceso hacia una profunda comprensión de que lo que causó el enfado ocurrió *en el pasado*, y somos totalmente capaces de cambiar y curar nuestras vidas *ahora*.

Me permito enfadarme.
Paso del enojo a la comprensión y el perdón.
Merezco que se me apoye cuando paso
malos momentos.

Descansar en la resistencia

Muchas creemos que no debemos hacer demasiado caso a nuestra resistencia. Pero la resistencia puede ser un mensaje de nuestro sabio yo interior para que nos detengamos, escuchemos y prestemos atención.

Cuando Lindsey se trasladó desde California a Nueva York, intentó seguir ejerciendo su profesión de enfermera, pero topaba una y otra vez con su propia resistencia. Se hería emocionalmente al regañarse por tener miedo o ser perezosa para buscar un trabajo de enfermera. Finalmente tomó la acertada decisión de analizar su resistencia. Trató de descifrar sus sueños, empezó a meditar sobre su protesta interior contra la enfermería y escribió sus reflexiones en un diario. A medida que empezó a confiar en su resistencia, Lindsey comprendió lo mucho que le había quemado su profesión y que necesitaba tomarse un descanso.

Stephen Levine habla sobre *los puños de la resistencia*, con los que bloqueamos el dolor y creamos sufrimiento. La resistencia puede intensificar el dolor. En cambio, si reconocemos nuestra vulnerabilidad y la consideramos con amor y agradecimiento aliviaremos el dolor.

Con los ojos cerrados, respira profundamente. Sumérgete en el ritmo del movimiento respiratorio del cuerpo. Relájate. Fíjate en una resistencia que experimentes ahora y observa tu reacción. Piensa luego en el corazón e ilumínalo con una luz suave y cálida. Percibe la adaptabilidad del corazón y anímalo a calmarse aún más. Ahora, sin *sentirte obligada* ni presionada, anima a tu corazón a abrirse a la resistencia; permite que el amor y la aceptación fluyan hacia ella.

En vez de combatir o suprimir la resistencia, aprendamos a apoyarnos en ella, a considerarla con amor y agradecimiento. Cuanto más confiemos y exploremos con sensibilidad nuestra resistencia, más capaces seremos de desvelar su *causa*, que sin duda tiene un razonable fundamento.

> *Analizo mi resistencia y, en consecuencia,*
> *aprendo de ella.*
> *Sé lo que me conviene.*

Acordarse de respirar

Una de las mejores maneras de liberar nuestros sentimientos es insuflarles aire. Es esencial respirar profundamente. Desde el punto de vista físico, limpia el cuerpo del aire que se ha quedado sin oxígeno dador de vida y lo sustituye por aire fresco y rejuvenecedor. Estudios recientes demuestran que cuando las personas mayores respiran profundamente aunque sólo sea unos minutos al día, su memoria mejora drásticamente.

Psicológicamente, la respiración lenta, liberadora y profunda nos permite llegar debajo de los sentimientos superficiales para percibir las emociones enraizadas, causales, que pueden insuflar malestar en nuestra vida. Espiritualmente, la respiración profunda nos conecta con el flujo del universo y nos ancla firmemente en nuestro centro, transmitiéndonos una sensación de calma.

Sin embargo, a veces nos olvidamos literalmente de respirar, sobre todo cuando estamos tensos o pasamos una crisis. Y tratamos de superarlo al mismo tiempo que nos privamos del vital oxígeno. Es realmente difícil.

Hazte un favor para mejorar tu vida: acuérdate de respirar profundamente. Escribe una notita que diga:

«¡Respira!», donde la veas varias veces al día, especialmente cuando tengas que estar despierta y en forma.

Soy una actriz aficionada, pero hasta hace unos años padecía un agudo miedo al escenario. Ahora me he entrenado a hacer un simple ejercicio de yoga antes de salir al escenario que incluye *respirar* y decir «Me alegro de que estés aquí, me alegro de estar aquí, y sé que lo sé». Es asombroso lo bien que me va.

Ponte en una postura cómoda y, ahora mismo, durante unos minutos, respira profundamente. Aspira por la nariz y espira por la boca. Imagínate que el cuerpo recibe hambriento esas sustanciales respiraciones y libera agradecido el aire viciado. Agradece a tu respiración su inagotable servicio.

Lo bueno de acordarse de respirar profundamente es que podemos hacerlo en cualquier lugar y en cualquier situación. Y está garantizado que mejora las cosas.

Agradezco mi respiración.
En tiempo de crisis me acuerdo de respirar
profunda y completamente.

Responder «¡Presente!»

Cuando una persona se aburre o se siente abrumada es posible que considere la vida como un apático adolescente que va al colegio sin entusiasmo, y lo ve todo envuelto en una niebla de indiferencia. Si hacemos campana en la vida, haciendo automáticamente lo que se debe, sin saborearlo en absoluto, nos privamos de la posibilidad de *sentir* y *vivir* vigorosamente: No respondemos «¡Presente!» cuando la Vida pasa lista.

Para sentirnos vitalmente vivos y realizar al máximo nuestro potencial creativo, debemos comprometernos a estar presentes en la vida, mirando al frente y *prestando atención*, sin repantingarnos apáticamente en la fila de atrás a la espera de que suene el timbre.

Brittany estaba pensando dejar la escuela porque le parecía aburrida, inútil y que había que estudiar demasiado. Debajo de eso había una sensación de inutilidad y de haber fallado por sus bajas calificaciones. Una compañera de estudios recordó a Brittany un consejo que decía: «Donde hay voluntad, hay una matrícula. Siéntate en la primera fila en todas las clases». Puesto que, aunque no se fiaba del todo de una solución tan simple, quería salir adelante, Brittany decidió probarlo.

Al principio no se sentía a gusto, pero pronto empezó a acudir a clase más temprano para asegurarse un sitio en primera fila. Los profesores, que le habían parecido distantes e insulsos, muchas veces hablaban con ella y la saludaban en el campus. Experimentó un cambio asombroso y seguía las clases con verdadero interés, cosa que, al final del semestre, se reflejó en las notas.

Si nos animamos a sentarnos en primera fila en la vida, sentiremos más interés y la apreciaremos en sus diferentes aspectos. Cuando respondamos «¡Presente!» se nos premiará con una vida *consciente* en la que nos demos cuenta de nuestros sentimientos, en lugar de distanciarnos de ellos.

Me hago el regalo de sentarme en primera
fila de la vida.
Presto atención.
Tengo derecho a experimentar realmente
mis sentimientos.

Descubrir la riqueza
de los sueños

Nuestros sueños son minas de oro, con filones de información. Además de desechar el exceso de energía y ansiedad, nos inspiran y educan. Los sueños nos brindan una ojeada sobre nuestra mente consciente e inconsciente, y nos permiten acceder a partes de nosotras que a veces quedan veladas por los destellos de la vida diaria. Los sueños son películas en las que somos directora, actriz, productora y creadora al mismo tiempo; sin embargo, no siempre les prestamos atención o permitimos que nos entretengan e iluminen.

Julia, una cliente mía, estaba vagamente descontenta, pero no comprendía por qué. Analizamos un sueño que tuvo en el que la hospitalizaban y la sometían involuntariamente a muchos tratamientos. En el sueño se sentía incapaz de hacer valer su opinión; todos los demás parecían saber lo que le convenía y no escuchaban sus sugerencias.

El análisis detallado de ese sueño le hizo comprender que tenía la costumbre de dejar que los demás eligieran por ella. Al reconocer su tendencia a ceder incuestionablemente ante los demás, se dió cuenta de que en gran parte era infeliz porque se sentía un cero a la izquierda en su matrimonio. Extrayendo de su sueño indicios de sus sentimientos, Julia se esforzó por expresarse y establecer sus preferencias. Con el tiempo se atrevió a tomar sus propias decisiones y hablar por sí misma. A medida que aprendía a asir sus propias riendas, se sentía cada vez menos apática y más feliz.

Una buena manera de acceder a la sabiduría de tus sueños es mantener un lápiz y un papel cerca de la cama. Enseguida que empieces a despertarte, apunta algunas notas que te ayuden a revivir lo que has soñado. Después, cuando estés totalmente despierta, podrás retroceder y añadir detalles.

Dedica tiempo a tus sueños. Vuelve a recordarlos. Lleva simbólicamente la piqueta de tu intuición a la mina de oro de tus sueños, sabiendo que descubrirás su significado cuando dediques un tiempo a excavar el tesoro.

Recuerdo mis sueños fácilmente.
Disfruto estudiando mis sueños e
interpretándolos enseguida.

Alimentar la auténtica personalidad

Anna Frank, que, por la edad que tenía, era muy madura, dijo: «Todos llevamos dentro una agradable sorpresa, que consiste en no imaginarnos lo maravillosos que podemos ser. Desconocemos lo mucho que podemos amar, lo que podemos realizar, y todo lo que somos capaces de hacer». En su breve vida, Anna alimentó y expresó su auténtica personalidad a través de la instrospección y escribiendo, y su legado póstumo ha emocionado e inspirado innumerables corazones.

Una de nuestras principales tareas es reconocer en nosotras lo que Anna Frank llama «agradables sorpresas». Descubrir lo maravillosas que podemos ser, todo el amor que somos capaces de dar, lo que podemos realizar, la capacidad que podemos desplegar. Solo alimentando nuestra autenticidad seremos capaces de sacar el máximo partido de nuestros agradables descubrimientos, nuestro potencial, nuestros presentes al mundo.

Para incentivar nuestra autenticidad debemos, entre otras cosas, ser conscientes de nuestros verdaderos sentimientos y ser consecuentes con ellos, aceptarnos totalmente, escuchar nuestra voz interior, apoyarnos y animarnos, reconfortarnos y cuidarnos, permitirnos actuar independientemente o aceptar ayuda cuando la necesitamos y dejar espacio para la soledad y la creatividad. Pero lo esencial es ser sinceras con nosotras mismas.

Ahora dedica unos minutos de tranquilidad para sintonizar contigo. Percibe como te sumerges suavemente en el centro de tu ser. Evita distraerte y céntrate en ti misma. Respira profundamente. Inhala lentamente por la nariz y exhala poco a poco por la boca.

Imagínate que eres una hermosa campana en un campanario. Si la campana que oyes al principio no te gusta, cámbiala hasta que tanto su apariencia como su sonido te hagan sentir mejor. Cuando tu campana repique melodiosamente dando la buena noticia de tu autenticidad, escúchala con amor, aceptación y admiración.

Si nuestro campanario –la singular y auténtica personalidad del centro de nuestro ser– tiene que tañer y encantar todo el valle del que formamos parte, debe repicar de verdad.

> *Acepto la buena noticia de que soy estupenda.*
> *Soy sincera conmigo.*

Especializarse en medio ambiente interior

Nos estamos volviendo más responsables con el planeta, adoptando maneras de vivir que respetan el medio ambiente de la Madre Tierra, con la esperanza de que resista y siga sosteniéndonos. Pero en nuestra vida es igualmente importante que seamos cada vez más conscientes de las consecuencias perjudiciales de la contaminación interior, causada por la autocondena, las relaciones insolidarias, los horarios agotadores, las heridas emocionales sin curar y la carencia de convicción espiritual.

Si queremos sentirnos respaldadas en vez de criticadas y estimuladas en vez de inútiles, debemos especializarnos en medio ambiente interior, desechando nuestros sentimientos indeseados y despejando un espacio para la salud y la integridad. Si tu dolor interior está arraigado, como resultado de experiencias tan traumáticas como un incesto o haber sido sometida a abusos deshonestos en la infancia, no lo trates tu sola. Busca un/a terapeuta o un/a amigo/a que permanezca a tu lado, con cariño y tolerancia, mientras tú, valientemente, seleccionas, desechas o cicatrizas los sentimientos indeseados que contaminan tu vida.

Como un pasito inicial para limpiar y despejar, visualiza tu interior como un garaje. ¿Está lleno de restos de viejo dolor, expectativas imposibles y suposiciones que te desvalorizan? ¿Está contaminado por el hedor del resentimiento, la envidia o la autocondena? Si es así, empieza a sacar la basura. Deshazte de la indeseada y podrida basura emocional de la forma que te parezca más liberadora, aunque sea derribando y reconstruyendo todo el garaje. Cuando hayas terminado, cuida el garaje que acabas de limpiar o edificar y disfruta del orden que has restaurado.

Sea cual fuere el origen de nuestra basura emocional, ahora tenemos la responsabilidad, desechándola o recuperándola, de liberarnos de ella. Con empeño y coraje podemos llegar a gozar de buena salud, felicidad y estabilidad emocional.

*Tengo el coraje de mirar mi contaminación
interior y limpiarla.
Pido ánimo y apoyo cuando lo necesito.*

Sacar la caldera del fuego

A veces nos encontramos dando vueltas a una caldera de descontento, azuzando cosas que nos gustaría que fuesen diferentes. Cuando eso ocurre, podemos *elegir* pasar de la reacción a la acción y sacar la caldera del fuego. Si permitimos que nuestra caldera de sentimientos negativos permanezca demasiado tiempo en el fuego, nos quemamos.

Un día, cuando mis cuatro hijos aún vivían en casa, preparaba la cena con gran resentimiento; !demonios¡, casi siempre había alguno que despreciaba lo que había cocinado. Daba vueltas por la cocina preguntándome por qué siempre tenía que preparar la comida. Añadí más gusanos y ojos de serpiente a mi cocido de bruja y me reñía por no haber tenido narices para *pedir* más ayuda. Mi monólogo victimista estaba llevando mi caldera interior a la ebullición cuando leí una frase impresa en mi caja de recetas: Dios, ayúdame a añadir una pizca de amor.

Ese ruego me detuvo. Ciertamente no era amor, ni para mí, ni para mi familia, lo que había añadido a la cena. Me preguntaba qué podía hacer para sacar la caldera del fuego y poderla sazonar honradamente con una pizca de amor. Para mí, lo más importante fue darme cuenta de la rabia que sentía por ser la única persona que cocinaba. Teniendo eso presente, podía trasladar mi centro de atención del resentimiento a las posibles soluciones, entre las que se incluía no cocinar por lo menos una noche a la semana.

Concéntrate tranquilamente, como mejor te vaya, y deja flotar en la mente una situación que haga hervir tu caldera interior. ¿Te has permitido sentirte víctima de las circunstancias? ¿Qué especia de amor, *para ti*, necesitas añadir a la ecuación para que cambie la situación? Razona si tienes el derecho y la responsabilidad de transformar esos sentimientos y comprométete a ayudarte a sacar tu caldera del fuego.

Tengo el coraje de ser positiva.
Escucho mis sentimientos y actúo sobre
ellos cuando conviene.

No tratar de impedir la sombra

Según Carl Jung, nuestras sombras son aspectos sin desarrollar, o denegados, de nuestro ser, que debemos reconocer. Si fuimos educadas para ser «buenas» chicas, por ejemplo, probablemente también nos enseñaron a avergonzarnos de lo que constituye nuestra sombra –la rabia, la afirmación, la ambición, la sexualidad e incluso la creatividad–, negándola y reprimiéndola, en perjuicio de nuestro bienestar.

Negada, nuestra sombra se fortalece y adquiere una habilidad casi diabólica para causar dolor, a nosotras y a los demás. Pero cuando adoptamos nuestros aspectos sombríos y aprendemos a expresarlos *constructivamente*, su energía puede transformarse y fusionarse saludablemente con las demás facetas de nuestro ser.

Cuando Allie descubrió que su marido tenía una relación con otra mujer, le dieron ganas de matarlos a los dos. Asustada por su reacción, enseguida reprimió esa respuesta sombría natural y en su lugar empezó a pensar que ella tenía la culpa de que él se apartase de su lado. Se sumió en una depresión tan grande que llegó un momento en que apenas se levantaba del sofá.

Tuvo que hacer un tremendo esfuerzo para venir a verme.

Tuve que animarla mucho para que encarase su sombra. La ira que sentía detrás de su depresión era tan fuerte que la petrificaba. Cuando finalmente se tranquilizó, pensando que, si bien no pasaba nada si tenía esas emociones, necesitaba encauzarlas *constructivamente*, empezó a dejar que su sombra se manifestase. Tiró huevos contra los árboles y escribió montones de cartas de odio que luego quemó.

Lo esencial es que Allie dejó de juzgarse por sus sentimientos y empezó a sentirse realmente potenciada por su sombra. Se dió cuenta de que su mayor contribución al resquebrajamiento de su matrimonio fue que ella no había sido ella misma. Aunque han pasado un largo y difícil camino, ahora, afortunadamente, Allie y su marido están creando un nuevo y saludable matrimonio.

Al igual que la parte oscura de la luna, nuestra sombra siempre está presente. De nosotras depende que la liberemos e iluminemos.

Soy una persona agradable aunque tenga sentimientos horribles.
Invito a mi sombra a que se manifieste.

Transformar la emoción mediante el movimiento

Del mismo modo en que los lagos o los charcos en los que hay agua corriente permanecen frescos y claros, si nos animamos a *movernos* podemos transformar estancamientos emocionales indeseados en vitalidad. La *moción* nos brinda más posibilidades de sentir las *emociones* que nos gustaría.

Físicamente, el movimiento facilita la circulación y ayuda al cuerpo a procesar los nutrientes que necesita; mentalmente, pone al cuerpo en acción, deshace las telarañas y nos da mayor agudeza. Si nos sentimos mejor físicamente y tenemos más agudeza mental, es decir progresamos por dentro y por fuera, nuestras emociones serán más armoniosas. Sencillamente, nos sentimos mejor cuando nos movemos.

Los diferentes tipos de movimiento tienen distintos objetivos. El yoga y el tai-chi son sistemas de meditación que constituyen excelentes disciplinas físicas que centran, calman y reconfortan. Las artes marciales agilizan el cuerpo y la mente. Los ejercicios de jazz y aerobic son estupendos para reducir el estrés y la tensión.

Carla, una profesora de educación especial, trata de no faltar nunca a sus tres clases de aerobic semanales.

Le va bien para mantenerse en forma, física y emocionalmente. Si tiene una experiencia triste o frustrante con uno de sus alumnos, un padre o la administración, coloca en frente de ella su *objeto de rabia* y se imagina que lo golpea. Mientras visualiza a los culpables tambaleándose con sus golpes, siente que el estrés y la tensión se diluyen.

Anímate a levantarte y moverte ahora mismo. Tenemos en nuestro interior esa niña espontánea que conoce intuitivamente cómo *bailar para tener más equilibrio y armonía*. Invítala a jugar. Permítele recordarte el valor transformador del movimiento que no se ha ensayado.

Disfruto moviéndome.
Elijo la forma de ejercicio y de movimientos
adecuados para mí y me comprometo
a practicarlos.
Permito que mi niña interior baile y juegue
espontáneamente.

---

6. Aceptar las circunstancias

No son las circunstancias, sino el espíritu con el que las afrontamos lo que conforma nuestro bienestar.

Elizabeth King

Si podemos adoptar esta sencilla y profunda oración como nuestro credo de vida, obtenemos lo mejor de la aceptación: «Dios, concédeme serenidad para aceptar las cosas que no puedo cambiar, coraje para cambiar las cosas que puedo y sabiduría para diferenciarlas».

Es difícil aprender la lección de la aceptación. En la vida siempre hay condiciones sobre las que no tenemos control y nos podemos bloquear por creer que las circunstancias *deben* ser de determinada manera para ser aceptables, o que la gente *tiene* que comportarse de una forma establecida para que la aceptemos. Atrapada en la intolerancia de nuestros *debe* y *tiene*, la aceptación se anula. Cuando abrazamos estrechamente la resistencia y juramos que *nunca* aceptaremos esto y lo otro, nos estancamos en esa situación, actitud o dolor.

La aceptación de la que hablo no consiste en rendirse o resignarse sin esperanza; es saber cuándo aceptar que una cosa es como es y, a partir de ese hecho, buscar la forma para encontrarnos lo mejor posible.

Superar la dependencia
de aprobación

Uno de los peores vicios que debemos combatir las mujeres es el ansiar la aprobación de los demás. Si la necesidad de que los demás nos reconozcan nuestra valía se interpone en el camino para ser quien realmente somos, hay algo que no va bien. Si sentimos que necesitamos su aprobación para estar bien, vamos dando vueltas en busca de indicadores externos que nos permitan acrecentar nuestro amor propio. Eso no funciona.

Por supuesto, todo el mundo necesita que otros le aprecien, pero la principal fuente de aprobación debe proceder de cada cual. La mejor manera de desterrar el hábito de la aprobación es respaldarnos. No se trata de llegar al extremo de pasar por alto nuestros defectos o congratularnos cuando somos desagradables, cosa que, por otro lado, es improbable, pues, en mis numerosos años de psicoterapeuta, son raras las personas que he visto ser demasiado *benévolas* consigo mismas.

La verdadera aprobación de una misma lleva a aprobar más a los demás. Malia atrae amigos como las flores atraen a las abejas. Es una mujer que alegra el corazón; a su alrededor todo el mundo se siente mejor consigo mismo. Siempre tiene una sincera palabra de elogio para las personas que la rodean.

Pero los demás no son los únicos receptores de su aprobación. Ella también tiene mucha confianza en sí misma y se reconforta animándose. No es raro oirla decir, con toda franqueza, cosas como: «Estoy orgullosa de la manera en que lo he hecho». Cuando le pregunté si siempre había sido tan amable consigo misma dijo entre risas: «Oh no, antes era mi peor enemiga, pero aprendí a ser mi mejor amiga».

Cuando aprendamos a aceptar quienes somos ahora y alegrarnos por cambiar cómo lo hacemos, desterraremos el hábito de la búsqueda de aprobación y confiaremos en nosotras como nuestros mejores *indicadores* de aprobación.

---

*Me apruebo de corazón tal como soy ahora.
Lo que los demás piensen de mí es cosa
suya; yo decido qué pienso de mí.
Apruebo fácilmente a los demás.*

La disciplina como algo deseable

El hecho de aceptar que somos responsables de nuestra vida nos infunde una tremenda fuerza. Es muy posible que nos hayan enseñado, erróneamente, que la felicidad de los demás depende de nosotras, pero a pocas mujeres se nos ha inducido a ver que, en realidad, somos responsables del devenir de *nuestra* vida. Para aceptar que «los demás llegan sólo hasta cierto punto» por lo que concierne a la responsabilidad por nuestros hechos y actitudes, debemos confiar en nosotras mismas y estar convencidas de que somos capaces de hacer lo que sea.

Para tener confianza en nosotras, debemos poder confiar en que haremos lo que decimos. Eso requiere una saludable autodisciplina, que se marca con expectativas que no sean severas y estrictas, propias de un progenitor crítico, sino razonables y *posibles*, planteándonos objetivos realistas y siguiendo el camino acordado.

Aunque la palabra *disciplina* a veces evoca una respuesta negativa, de hecho procede del término *discípulo*, aprendiz atento a un respetado profesor. Si nos consideramos simultáneamente profesor y aprendiz, no una niña errante que necesita castigo, nos será más fácil hacer lo que debamos.

Cuando dispongas de un rato en el que puedas estar tranquila, céntrate en la respiración. Respira profundamente, sin forzarte, relajándote más cada vez que inhalas y exhalas. Una vez relajada, trata de percibir una sensación o una imagen de un maestro querido y respetado. Si no te sientes del todo cómoda con la persona o el símbolo que aparece, pídele que se vaya e invita a aparecer al maestro perfecto.

Durante unos minutos límitate a *estar* con tu maestro, y disfruta de su amor y aceptación. Luego háblale sobre una actitud o circunstancia respecto a la que te sea difícil ser disciplinada y pídele que te ayude. Juntos crearéis un entorno en el que pueda florecer la necesaria disciplina.

> *Me gusta ser disciplinada.*
> *Me responsabilizo de mi vida.*

Sentarnos cuando
«no sabemos»

A la mayoría nos agota aguardar lo incierto. Tanto si debemos esperar los resultados de una prueba, de una entrevista para un trabajo, o dejar pasar el tiempo para dilucidar si una relación nos favorece, tendemos a querer la respuesta *ahora*. Debemos esforzarnos para tener la paciencia y la sabiduría de permitir que se produzca naturalmente el proceso de elección interior, sentándonos con nuestro «no lo sé», en lugar de forzarnos a tomar decisiones y compromisos antes de *saber* realmente lo que es mejor.

Del mismo modo en que un bebé requiere meses para crecer y las semillas necesitan días o semanas para germinar, la mayoría de nuestras respuestas surgen de un período de cuestionamiento interior en el que la única realidad honrada y auténtica es «no lo sé». Lo que debemos hacer es aceptar ese proceso como creativo y productivo, prestar atención a nuestras preguntas, y confiar en que, si lo permitimos, finalmente surgirá la mejor elección.

Después de trasladarse a otro estado, a Liz y a su marido les costaba encontrar una casa que les gustase a los dos. Ella descubrió el lugar de sus sueños, cuatro acres con una vista maravillosa, pero su marido consideró que semejante superficie requería más trabajo del que pretendían hacer. Entonces él encontró algo que satisfacía parcialmente a los dos, pero a Liz no le entusiasmaba el sitio. A Liz, que durante muchos años había tratado de hacer las cosas del agrado de su marido, le costó mucho sentarse y decir «no sé». No estaba segura de si su resistencia era una intuición de lo que más les convenía o si se rebelaba por no tener el terreno que a ella le gustaba.

Para Liz hubiese sido fácil capitular y hacer lo que quería su marido, pero se sentó a analizar y sopesar los pros y los contras hasta que *supo* que el sitio no era para ella. Después de unas semanas de paciencia, encontraron un solar que les gustaba a *ambos*.

Aunque parezca que sentarse cuando pensamos «no sé» sea lanzarse al vacío, permite a nuestro astuto ordenador interior reunir la información necesaria para decidirnos oportunamente.

Me encuentro cómoda sentándome cuando
«no sé».
Confío en mí para tomar buenas decisiones.
Escucho mis preguntas y busco
pacientemente mis propias respuestas.

La liberación mediante el ritual

En la vida nos pasan muchas cosas inaceptables. Paradójicamente, para vivir la vida al máximo, debemos aprender a aceptar todos sus incidentes, los maravillosos y los terribles. Aceptar lo inaceptable es tan extraño y repulsivo para nuestra mente consciente que a menudo necesitamos realizar un ritual, para impresionar a nuestra mente subconsciente con nuestra intención de aceptar.

Como resultado de una mamografía rutinaria, a Frances la hospitalizaron y le extirparon un pecho antes de que pudiese procesar sus sentimientos ni, mucho menos, aceptar el hecho inaceptable de tener cáncer. Durante su convalescencia, Frances osciló entre los sentimientos que van desde el agradecimiento por estar viva al desespero por su apariencia y la posible recurrencia de la enfermedad.

Dispuesta a curarse física y emocionalmente, Frances ideó un ritual de liberación. Quería conmemorar no sólo la pérdida de su pecho, sino también de todas las cosas que lamentaba haber perdido o no haber tenido en sus cincuenta años. Después de buscar fotos en las que aparecía, y que eran representativas de sus pesares, las quemó en el patio. Frances visualizó el fuego transformando esas imágenes de dolor y pérdida en energía más positiva. Para concluir, enterró las cenizas y ceremoniosamente celebró la comunión mientras se ponía el sol.

Revisa si en tu mente o tus sentimientos hay algo que aún no hayas aceptado. Pregúntate si realmente quieres liberar el dolor para avanzar. Si tu respuesta es no, respétala, quizá no ha llegado el momento. Pero si te sientes preparada para liberar el dolor, crea un ritual que notifique la decisión a tu subconsciente. Cuando sinceramente quieras curarte mediante un ritual, se te ocurrirá la mejor manera de hacerlo.

Aceptar lo que es, aunque no sea lo que desearíamos, es liberar la esperanza de un pasado mejor. Y eso nos permite aceptar plenamente el presente como es.

Me regalo la liberación del pasado que no se puede cambiar.
Practico un ritual para curar las partes más profundas de mi ser.
Soy sabia.

Aceptar quiénes somos

Nuestro yo más elevado nos invita continuamente a aceptar quienes somos y quienes no somos. Es un auténtico desafío. Sentimos la tentación de pasarnos la vida condicionando nuestra aceptación: si tuviese más éxito...; si estuviese casada (o soltera)...; si fuese más inteligente, guapa, lista..., *entonces* me aceptaría.

Puesto que a lo largo de la vida pasamos por una continua reencarnación de nuestra personalidad –renacer regularmente a nuevas identidades, nuevas creencias, nuevos talentos– es imprescindible que aprendamos a aceptarnos *ahora*. Es posible que no volvamos a tener otra oportunidad para aceptar la personalidad que mira hacia atrás desde el espejo. Mañana puede ser otra persona completamente diferente; si la aceptamos hoy, esa nueva mujer será más feliz y estará más capacitada que la que hay ahora en nuestra piel.

Mi madre era una mujer inteligente que estaba especialmente dotada para escuchar con atención y ayudar a los demás. Sin embargo, siempre le costó aceptarse. Yo sabía cuántas vidas había tratado con cariño, incluyendo la mía, y observarla luchando contra el demonio que la privaba de amor propio me rompía el corazón.

Dada su incapacidad para aceptarse como la persona realmente maravillosa que era, mi madre se preguntaba, sobre todo en los últimos meses, si su vida había valido la pena. Si bien las palabras tranquilizadoras aplacaban temporalmente sus dudas, éstas siempre resurgían.

La impresión que había causado en la gente se hizo evidente en la longitud de la caravana que siguió su féretro hacia el cementerio. Por el camino le dije silenciosamente: «¿Ves esos coches, mamá? ¿Ahora puedes aceptar y creer que eres maravillosa?». En respuesta recibí un rotundo mensaje, salpicado de risitas: «Sí, cielo, tenías razón... *ahora* lo veo».

No esperemos hasta mañana –o la eternidad– para aceptar quien somos. Hagámoslo ahora mismo.

> *Merezco aceptarme y que los demás*
> *también me acepten.*
> *Soy aceptable tal como soy.*
> *Me acepto.*

Hacer sacrificios

En los libros destinados a ayudar a las mujeres a aprender a tener más fuerza, muchas veces nos previenen contra la tendencia a sacrificarnos. Sin embargo, hay casos en los que sacrificar los deseos individuales es una buena manera de hacer honor a quien realmente somos. Cuando en una familia hay un momento de crisis, debido por ejemplo a una enfermedad o una pérdida de ingresos, a veces lo más apropiado y satisfactorio que podemos hacer es sacrificar nuestras necesidades personales por el bien de todos.

Un ejemplo ilustrativo de una mujer que distingue entre una entrega apropiada y una inapropiada nos los ofrece la artista Josie. Su marido estuvo enfermo muchos años y ella dejó de lado el arte y todas sus necesidades para cuidarle. Puesto que *eligió* libremente dar prioridad a su marido y cuidarle en su afección renal crónica, no tuvo ningún resentimiento. De hecho, la deleitaba tanto el talento, el sentido del humor y la agudeza intelectual de su marido, que sentía que recibía tanto como daba. Cada día de su vida Josie se sacrificaba y se encontraba bien consigo misma por hacerlo.

Su marido murió hace dos años y ahora Josie trata conscientemente de no sacrificarse por los demás, sino de poner sus talentos, sus deseos y sus necesidades en primera línea de la vida.

Nuestros sentimientos son los indicadores más legítimos para saber si los sacrificios que hacemos son apropiados o inapropiados. Si, en general, nos sentimos bien respecto a nuestras acciones y decisiones, significa probablemente que nuestro sacrificio surge del *deseo* de servir. Si, en cambio, sentimos constantemente ansiedad, resentimiento o rabia, nuestro sacrificio puede deberse a la creencia de que no tenemos otra opción.

Si te sientes utilizada y que abusan de ti cuando te sacrificas, debes buscar a alguien con quien puedas hablar libremente, una persona que sepa escuchar y ayudarte a analizar tus sentimientos, actitudes y opciones. Como mujeres, hemos sido históricamente designadas como cuidadoras, y debemos plantearnos cuándo nuestra inclinación al sacrificio y al servicio es apropiada y cuándo no lo es.

> *Elijo adecuadamente.*
> *Cuando es necesario y apropiado, me*
> *sacrifico con todo mi corazón.*

El desfile del cambio

Nuestras vidas son un constante desfile de cambios. Algunos nos inspiran y animan, tentándonos a coger la batuta, saltar en frente de la banda y gritar alegremente. Otros se parecen más a un cortejo fúnebre. Teniendo en cuenta que son inevitables, es una buena filosofía acoger los cambios con una actitud favorable. Si buscamos el crecimiento personal inherente a cualquier nueva fase de la vida, el Desfile del Cambio, en lugar de perjudicarnos, nos *favorecerá*.

Si nos resistimos obstinadamente al cambio tendremos que pasarnos la vida luchando contra lo inevitable, lo cual puede llevarnos al desasosiego y la depresión. Cuando dominamos el arte de aceptar el cambio y comprometernos a hacerlo lo mejor posible, es que hemos elegido evolucionar, ser personas vitales, útiles y más felices.

Recientemente leí una historia reveladora sobre una valiente adolescente de la que podemos aprender mucho para asimilar los cambios.

A la edad de dieciséis años, Beth, enferma de cáncer, tuvo que elegir entre dos alternativas: aplicar radiaciones sobre el tumor para tratar de eliminar el

176

cáncer, o amputarle el pie para evitar que la enfermedad se propagase. Beth tomó la decision de «sacarlo».
Si bien su optimismo se quebró la primera vez que vió
su muñón, un buen día dejó de llorar y, como en el re-
greso de una Princesa, saltó cojeando al campo en su
traje de *cheerleader* para recibir el admirado aplauso
del público.

En el Desfile del Cambio de su joven vida, Beth no
solo *caminó* con su nuevo pie artificial, sino que, un
año y medio después de su operación, ella –y las otras
once chicas de su equipo– giraban, hacían la tijera,
saltaban y danzaban en su camino hacia el Campeona-
to Estatal de Animadoras de Equipo.

Cuando le preguntaron qué había aprendido, Beth
respondió que ahora sabía que se puede mejorar cualquier situación tratando de superarse. Como muestra
la valerosa aceptación de Beth ante su situación, el
mejor maestro de ceremonias del Desfile del Cambio
de nuestras vidas es muchas veces el coraje y la compasión. ¡Tú también puedes superarte!

Tengo el coraje de aceptar el cambio.
Permito que el cambio me enseñe valiosas
lecciones.

Avanzar bajo la lluvia

Todos conocemos o hemos oído hablar de personas que parecen capear los mayores temporales de la vida de forma provechosa. Leslie, una madre soltera, es una de esas personas. A los treinta y dos años le diagnosticaron que tenía un raro tipo de cáncer que suele ser fatal. Desconsolada ante la idea de no ver crecer a su hija, sentía pánico y rabia. Comprensiblemente, se sumió en una depresión.

Como explica Leslie, un día se *despertó* de la depresión sabiendo que la fuerza, o la llama de su vida, como dice ella, aún no se había extinguido. En ese momento de claridad, se dió cuenta que de ella dependía proteger la llama de su vida de esa circunstancia que la amenazaba. Empezó a meditar con regularidad, intensamente, pensado en cada célula de su cuerpo, incluso las cancerígenas, concentrándose en transformarlas, no en destruirlas.

Leslie se reafirmaba aprendiendo a amar y apreciarse exactamente como era, y se concentraba en transformar las células destructivas con la luz del amor. La esperanza y la fe fueron el impermeable de Leslie durante esa tormenta, y la comprensión y la aceptación de sí misma, el paraguas protector de la llama de su vida.

Enfrentada a una muerte casi segura, se dió cuenta de lo desesperada que estaba por aprender a aceptarse con cariño, y también a su familia, cosa que nunca había sido capaz de hacer. Con ese objetivo en mente, Leslie salió adelante bajo la tormenta. En la actualidad se encuentra bien, aunque dice que fue tan sincera su aceptación de ella y de su enfermedad, que se hubiera sentido tranquila aunque hubiese tenido que morir.

En cada vida llueve. Todos tendremos tormentas en la vida, y tenemos la sabiduría y la fuerza interior para capearlas. Es más fácil hacer frente a la lluvia cuando nos protege el amor propio, la aceptación y el apoyo.

Me acepto con cariño.
Capeo bien los temporales de la vida.
Aprendo a comprenderme mejor en los
períodos tormentosos.

---

7. Cambiar lo que se puede cambiar

Puedes decepcionarte si fallas, pero si no lo intentas, seguro que fracasas.

Beverly Sills

Imagina qué pasaría si el dueño de un acuario nunca le cambiase el agua. Los peces morirían enseguida tratando de captar el oxígeno de una fuente estancada y agotada. Para que los animales marinos puedan crecer en su hábitat hay que renovar el agua y mantenerla en circulación. Con las personas ocurre algo parecido. Sin cambio nos estancamos.

Aunque muchas nos resistimos empecinadamente al cambio, éste fuerza a crecer y evolucionar, a volverse más flexible, resistente y seguro. Debemos superar el temor a lo desconocido y animarnos a cambiar lo que necesita ser diferente en nuestra vida, para que ésta fluya libre y creativamente.

Una preciosa leyenda zen cuenta que un maestro dio a un estudiante un pañuelo de seda que tenía muchos nudos. El estudiante debía deshacer los nudos, tarea que no consiguió hacer hasta que se dió cuenta de que debía deshacer los nudos en orden inverso.

A pesar de que cambiar puede ser difícil, cuando confiamos en nosotros para deshacer cada nudo, en el orden pertinente, todo el pañuelo puede quedar liberado para ondular suavemente en la brisa.

Asumir que somos responsables de nuestras actitudes

Ante las circunstancias adversas, a veces lo único que podemos cambiar es la mente. Cuando sentimos que algo se escapa a nuestro control, nos podemos aliviar recordando que, como dice la Reverenda June Kelly: «Somos el *único* autor de nuestros pensamientos, el único pensador en nuestras vidas». Somos responsables de nuestras actitudes. Puesto que los sentimientos son resultado directo de los actos y los pensamientos, es esencial tener la cualidad de saber modificar la forma de pensar.

La sociedad nos incita a ser lo que se considera *realista*; es más, tiene calificativos peyorativos para las personas con actitudes positivas, a las que tilda de disparatadas optimistas, ingenuas o idealistas. ¿Por qué es disparatado ser optimista? ¿Por qué se considera ingenua o estúpida la tendencia a esperar el mejor resultado posible?

Un fervoroso realista puede responder que si esperamos lo mejor tenemos más posibilidades de sentirnos decepcionados; yo le replicaría que una actitud negativa o pesimista, disfrazada de realismo, *garantiza* el desánimo cuando esperamos con aprensión que caiga la espada.

Ariel finalizó sus estudios hace dos años y se puso a buscar trabajo. Muchos realistas le hablaron de las terribles estadísticas sobre la escasez de oportunidades y el limitado mercado de su especialidad. Al principio el desánimo casi la paralizaba.

Tras mantener una provechosa conversación con su madre, Ariel se dió cuenta de que debía cambiar de actitud y pensar en lo afortunada que sería cualquier empresa por tenerla como empleada. En los momentos más frustrantes de su búsqueda, en lugar de ceder al pesimismo, Ariel se reafirmaba eligiendo recordar lo que tenía para dar, en lugar de concentrarse en lo que temía perder. Aunque le llevó un tiempo encontrarlo, en la actualidad Ariel tiene un empleo en su especialidad.

Si somos conscientes de que somos responsables de nuestras actitudes mejorará sobremanera la calidad de nuestras vidas, y una de las decisiones que más pueden favorecernos es elegir una actitud que no considere al mundo contrario a nosotros, sino *para* nosotros.

> *Soy optimista y estoy orgullosa de ello.*
> *Elijo esperar lo mejor.*

Cambiar el marco de la realidad

los personas múy proporcionados a su servicio. la esencial es aquella la conclusión una Aventura contra nos alienta a su error y por tanto de seguir nuestra velocidad.

Algunos sólo ven la realidad a través de la dura visión de las noticias de la televisión o de las desconocidas sombras de «qué pasaría si...». Puesto que las noticias parecen acentuar lo negativo, y lo desconocido es a menudo temible, se comprende que uno de los principales trastornos de nuestra sociedad sea la depresión.

Pero la buena noticia es que podemos cambiar el marco de la realidad. Podemos elegir lo que queremos mirar, escuchar y responder. Sí, pasan cosas negativas. Sí, hay mucha miseria y sufrimiento –en el mundo y en nuestra vida–, y debemos compadecernos de ello. Pero no debemos involucrarnos ciegamente en ello en detrimento de nuestra felicidad. La novelista francesa Colette resumía esa elección diciendo: «Mi vida ha sido maravillosa. Me hubiese gustado apreciarlo antes».

Podemos darnos cuenta de lo maravillosa que es nuestra vida cambiando el enfoque, el modo de enmarcar la realidad. Una vieja amiga me explicaba que al referirse a ella como una ama de casa, la expresión no le inspiraba el respeto que creía que merecía, por lo que cambió su título. Cuando le preguntaban que hacía, respondía que era un árbitro social. Si bien los demás parecían más impresionados por su actividad, lo esencial es que ella lo consideraba una descripción mucho más ajustada a su papel y, por tanto, se sentía más valorada.

Piensa en una situación de tu vida que te parezca difícil o deprimente. Permite que tu mente creativa la fotografíe. Ahora piensa en cómo es el marco en el que encuadras esa situación. ¿Es oscuro, pesado y enorme? ¿Cómo te gustaría enmarcar esa situación? Deja que aparezca un nuevo marco, más manejable y quizá incluso bonito. ¿Qué cambio de actitud necesitas para modificar el marco de la foto? Cuando esa situación vuelva a surgir, obsérvala en el contexto de tu nuevo marco.

Cuando aprendemos a corregir el marco de nuestra realidad, nuestra vida se puede poblar de héroes y llenarse de fantasía y amor.

Elijo ver lo maravillosa que es mi vida.
Tengo el poder de reenmarcar mi realidad.
Aprecio mi vida con todas sus variaciones.

Encarar el cruce de caminos

Ante un cruce de caminos, al plantearnos por dónde seguir, debemos tener en cuenta lo que más nos conviene. Muchas mujeres, en el umbral de una decisión, decimos casi automáticamente: «Lo que tú digas». Esa negación de nosotras mismas, a menudo inconsciente, puede ir desde una simple concesión, como no elegir un restaurante, a un gran sacrificio, como dejar una carrera por no contrariar o molestar a otra persona.

No pocas veces, ante un cruce de la vida, desechamos un gran sueño, ignoramos el anhelo del corazón o simplemente no hacemos por nosotras lo que automáticamente haría una amistad. Luego nos lamentamos porque tenemos la sensación de habernos traicionado.

Siéntate tranquilamente durante unos minutos y concéntrate en la respiración. Si, como es probable, te distraes, vuelve a centrar suavemente tu atención en la respiración, haciéndola cada vez más profunda. Con cada inhalación, percibe la gratitud de tu cuerpo por ese aire limpio. Cuando exhales, fíjate en cómo te relajas. Invita al escenario de tu mente una circunstancia de tu vida que sea como una bifurcación de caminos. Observa detenidamente cómo te sientes y actúas cuando debes decidir qué camino sigues. Fíjate en tus miedos, expectativas y esperanzas en relación con cada camino. Pregúntate cuál es mejor para ti. Si la respuesta es un mar de contradicciones, vuelve a concentrarte en la respiración hasta que te sientas relajada.

Después de volverte a centrar, escribe esta pregunta: «¿Cuál es la decisión más conveniente para mí en este caso?». Escribe lo primero que se te ocurra. Luego pregúntate por qué has escrito eso, y haz una lista con las razones, para reafirmar tu elección. *Sabemos* lo que nos conviene, y cuando nos permitimos escuchar realmente nuestra sabiduría interior, podemos convertir un cruce de caminos en una génesis de amor propio.

> *Sé encarar las consecuencias y*
> *las compensaciones de mis elecciones.*
> *Sé lo que es mejor para mí y actúo*
> *en consecuencia.*

Sacar la alegría del baúl

Si descubrimos que la responsabilidad y la seriedad han confinado nuestro sentido del humor a una fría bodega, donde se ha atrofiado, podemos rescatarlo y reavivarlo. En lugar de refunfuñar, podemos cambiar nuestro punto de vista, iluminarlo y llenarlo de festivas chispas.

A veces la alegría, la ilusión por la vida, la guardamos enterrada bajo el miedo al ridículo o la desilusión. Hilary, cuya madre le aconsejaba con frecuencia que no se entusiasmara con nada, por miedo a desilusionarse, es un buen ejemplo del entusiasmo sepultado. La madre de Hilary, que se había llevado muchas decepciones en la vida, creía hacer un favor a su hija evitándole el dolor que ella sintió. A medida que crecía, Hilary, siguiendo el consejo de su madre, controlaba estrechamente sus emociones y expectativas, hasta que su vida se allanó y equilibró. Era una vida segura, eso sí, pero aburrida y carente de alegría.

Hilary pensó que en la vida debía de haber más pasión y decidió quitarle el polvo a la alegría e invitar al humor y la excitación que regresasen a su vida. Como afirmación, compró una matrícula personalizada que decía NTSASMAT. Cada vez que Hilary miraba el coche, leía *entusiásmate* y recordaba que eso es bueno, incluso saludable.

Aunque hayamos olvidado temporalmente que la vida puede ser en no pocas ocasiones condenadamente divertida, podemos *elegir* acordarnos de tomarlo todo menos en serio, y aligerar nuestra carga con risas. El humor y el entusiasmo son *naturales*. Si no los experimentamos es porque hemos enterrado nuestro impulso natural de *jugar*.

Puede ser útil encontrar un símbolo de guasa –una foto, un globo, un pin de payaso, una pegatina de un cachorro o de un unicornio–, cualquier cosa, y llevarlo con nosotras. Mirar al símbolo y acordarnos conscientemente de que jugar es bueno nos puede ayudar a resucitar nuestra ligereza.

De nosotras depende renovar nuestra alegría. Sólo nosotras tenemos los medios para recuperarla y sacarle el máximo provecho. NTSASMAT.

Me encanta la vida.
Tengo un gran sentido del humor.
Me gusta reír y entusiasmarme.

Construir nuestro propio sitio

Las mujeres hemos recorrido un largo camino desde la época en que la mujer española sólo podía salir de casa tres veces: para recibir el bautismo, para trasladarse a casa del marido y cuando la enterraban.

Las actitudes han cambiado mucho desde esos tiempos de represión, y los hombres y las mujeres están ahora involucrados en una dulce revolución –que a veces no es tan dulce– hacia la realidad. Tratamos de encontrar la libertad individual buscando lo más conveniente para cada cual, sin estereotipos.

Para sentir que vivimos nuestra propia vida, no la de otra persona, debemos hacer honor a nuestra particular llamada. La doctora Elisabeth Kubler-Ross, experta en la muerte y en el hecho de morir, explica: «Las personas que veo morir más tristes son aquellas que creían que podrían comprar amor haciendo lo que le decían papá y mamá. Nunca escucharon sus propios sueños. Luego, al mirar hacia atrás, decían que, si bien habían tenido una buena vida, no habían vivido».

A medida que crecía, a Maureen le gustaba jugar con juguetes que sus padres llamaban «de niños». Le fascinaba dar martillazos a los clavos y construir cosas de madera. Puesto que Maureen quería y necesitaba la aprobación de sus padres, al ver que estaban horrorizados ante su afición, la abandonó. Con el tiempo, aunque no le atraía, se convirtió en una secretaria. Se sentía muy insatisfecha.

Afortunadamente, Maureen se dió cuenta de que merecía construir su propio sitio y, con la ayuda de una terapeuta, encontró la manera de comunicar, con firmeza y cariño sus auténticos deseos a sus padres, y se hizo carpintera.

Para realizar nuestra personalidad más creativa, debemos aceptar la responsabilidad de construir nuestro propio hueco, buscando y aprovechando las situaciones más adecuadas para nuestras peculiares capacidades y aspiraciones.

Tengo derecho a vivir mi vida.
Permito a los demás que sean ellos mismos.
Me permito seguir los designios
de mi corazón.

Colorear el blanco y negro

Hay muchos entusiastas de las películas antiguas, entre los que me incluyo, que lamentamos que coloreen las películas en blanco y negro, porque disuelven su encanto. En cambio, no hay nada encantador en pasar por la mente viejas películas en blanco y negro, en forma de opiniones absolutistas, inflexibles o arcaicas sobre nosotros. *Necesitamos* colorearlas, ponerle matices, sombras y tonos pastel, porque en la vida real son contadísimos los blancos puros y los auténticos negros.

Si vemos las cosas sólo en blanco y negro tendemos a considerar con rigidez nuestras actitudes y creencias, y para podernos realizar, debemos ser flexibles y estar dispuestos a cambiar. Si las películas interiores están coloreadas nos dan más perspectiva respecto a los problemas y nos permiten discernir si necesitamos poner al día las ideas subyacentes. Puesto que suele ser cierto que no vemos las cosas como son, sino según como *somos*, para nuestra apertura emocional, mental y espiritual es importante ver en technicolor.

Shirley me contaba entre lágrimas lo contrariada que estaba por la decisión que había tomado con su marido de trasladarse a una casa más pequeña. Pasaba de encontrarse bien a sentirse triste y enfadada. Le pregunté qué la hacía infeliz, y se sorprendió al darse cuenta de que pasaba por su mente una vieja película de una víctima sacrificada que nunca tuvo lo que quiso.

Con otros sucesos, Shirley se percató de que aunque se había aliviado mucho y nunca reproducía su viejo esquema de renunciar totalmente a sus deseos, seguía dándole a la manivela de la vieja película en blanco y negro. La recordó y la coloreó, infundiéndose confianza respecto a sus nuevos comportamientos para confiar en sí misma.

Si nos permitirnos pasar de ver sólo en blanco y negro a ser capaces de distinguir sombras de grises, significa que llegar a añadir vivos colores a oscuras perspectivas es una mera cuestión de tiempo, ganas y empeño.

> *Veo mi vida en un maravilloso technicolor.*
> *Me libero de las creencias y actitudes*
> *inútiles y restrictivas.*
> *Deseo cambiar y puedo hacerlo.*

Observar y elevar
los pensamientos

Puesto que debemos atenernos a las consecuencias de los pensamientos que acumulamos, es importante aprender a observarlos y elevarlos. Dado que los pensamientos son energía, generan lo mismo de lo que están hechos; por ello, sin nuestros pensamientos son de hojalata, lo que generamos nos resulta desagradable, como si tuviésemos que masticar una lámina de aluminio.

Todos tenemos malos pensamientos –críticos, horrorosos, odiosos, vengativos, intolerantes, con prejuicios– porque somos humanos. No pretendo que para observar y elevar los pensamientos, reprimamos o endulcemos los negativos. Si los confinamos a las partes recónditas del subconsciente, ahí se fortalecerán y crecerán. Sugiero que en lugar de *engancharnos* a los pensamientos sombríos, los miremos y dejemos que se vayan. Si nos horrorizamos y avergonzamos de los pensamientos negativos nos pueden quedar grabados de forma indeleble en la psique, mientras que si los observamos unos instantes, sin ánimo de juicio, permitiremos que fluyan a través de nuestra mente y *se vayan*.

Hace poco tuve gripe, y cada vez que me pillaba quejándome de lo malita que estaba, trataba de cambiar ese pensamiento de dos maneras. En primer lugar, daba las gracias por la increíble máquina de curación que es mi cuerpo y afirmaba que esto también pasaría. Y después, visualizaba el cuerpo utilizando esa enfermedad como una oportunidad para limpiarse y liberarse de las toxinas que acumuladas a lo largo del año. Aunque el hecho de elevar mis pensamientos por encima de mi malestar físico no me curó, mejoró mi actitud y mantuvo intacto mi optimismo.

Como ejercicio para observar y elevar tus pensamientos, imagina que todo el mundo puede leerte la mente. Cuando se te ocurre un pensamiento negativo que preferirías ver sólo tú, míralo sin ánimo de juicio y luego sustitúyelo por uno mejor. Si elevamos nuestros pensamientos podemos realizar mejor los cambios en nuestras vidas.

Animo a los pensamientos negativos a que
pasen rápidamente.
Mis pensamientos coinciden con los
propósitos de mi personalidad más elevada.
Todo está bien.

Dejar la costumbre
de preocuparnos

La preocupación es un hábito que nos deja sin respaldos, por lo que uno de los cambios más liberadores que podemos hacer en nuestra vida es dejar la costumbre de preocuparnos. Puesto que la mayoría de hábitos son aprendidos, es importante que nos preguntemos dónde aprendimos a preocuparnos.

Rosa era una preocupada crónica que vino a verme con la esperanza de que le aliviaría la depresión y el insomnio. Dijo: «Se me educó en la preocupación y el humo de los demás, e inhalaba y absorbía cada pizca de preocupación, tanto como el humo».

Analizamos las creencias que los padres de Rosa le habían legado; aunque, en la mayoría de los casos no lo habían hecho de palabra, habían hecho mella en su hija; se basaban en el convencimiento de que la vida era difícil, el dinero se obtenía a duras penas, y Dios era un padre severo. Rosa aprendió a creer que nunca llovía, sino que diluviaba, que nunca habría lo necesario, y que la culpabilidad era lo único que podía convencer a un Dios vengativo a no condenarla. Ni que decir tiene que Rosa tenía motivos para ser una persona preocupada.

El único antídoto duradero para la preocupación crónica es la fe, la fe en lo *bueno*, fe en que el Misterio Universal no está contra nosotros, sino *a favor* nuestro. Si hemos aprendido a creer en la desgracia y el odio, tenemos capacidad para cambiar y creer en la bondad y el amor. Sé que es posible porque lo hizo Rosa y lo hice yo. Cuando Rosa comenzó a cambiar su sistema de creencias, le di una tarjeta que rezaba: «A veces tenemos muchas razones para estar tristes y pocas para alegrarnos. Lo que debemos hacer es ser irrazonablemente felices».

Si estás atormentada por la costumbre de preocuparte, bastará con que seas consciente de cuándo te asalta la preocupación, y afirmes que la vida es buena, para que te mantengas firmemente en el camino y dejes atrás la costumbre de preocuparte.

Lo que creemos depende de nosotros, y podemos elegir sentirnos llenos de fe y felices, aunque sea irrazonable.

Todo está bien; estoy bien.
Creo que la vida es buena.

Domesticar el coyote
en el gallinero

Nuestras días pueden rebosar de una actividad tan frenética que perdamos la paz mental y tengamos la sensación de seguir una acelerada rutina. Por nuestro bien, debemos encontrar la manera de calmarnos y apaciguarnos.

Después de dar una maravillosa fiesta de fin de semana en casa, estaba tan excitada que no podía trabajar ni dormir. Me parecía tener un coyote en el gallinero de la mente y que todas las gallinas cacareaban y aleteaban locamente originando nubes de plumas arremolinadas.

Necesitaba ordenar mis plumas, y me fui a dar un largo y vigoroso paseo para consumir el exceso de energía física y luego llamé a una buena amiga para explicarle lo dispersa que me sentía. Sólo después de hacer ejercicio y expresar mis sentimientos pude centrarme en la meditación. Creé una atmósfera tranquila –velas, silencio y la vista de la naturaleza– y me senté a meditar.

¿Qué te tranquiliza y te conduce a la contemplación? ¿Cuántas veces te permites el lujo –quizá es una *necesidad*– de disponer de un rato tranquilo sin interrupciones? Si no experimentas con frecuencia la rejuvenecedora soledad en la que puede florecer la serenidad, ahora es el momento de hacerte el favor de cambiar eso.

Después de establecer un entorno que te relaje, utilízalo para descansar. Limítate a *estar* en ese lugar que has conformado. No hay reglas. Sólo tienes que ser tú. Después de reflexionar en silencio algunos minutos, visualiza tu actividad mental. Si te apetece, utiliza mi analogía coyote/gallinero o cualquier cosa que te parezca apropiada. Dale a tu mente la libertad de descansar. Poco a poco, suavemente, como si mirases una tormenta que amaina, fíjate cómo se calman las cosas. Si persiste el torbellino, garantiza cariñosamente a la mente que la tranquilidad es buena y permítele responder positivamente a esa sugerencia.

Aunque no es fácil hacerlo en un entorno que conduce a la dispersión, tenemos el poder de domesticar al coyote del gallinero y crear una armonía mental y emocional sin caos.

Tomo tiempo para la soledad.
Soy calmada y tranquila.
La serenidad es posible incluso en medio
del caos.

Condenar nuestra furia

Las mujeres podemos instituir con eficacia necesarios cambios sociales si aprovechamos la fuerza de nuestra furia como se aprovecha el agua corriente, que se estanca para crear electricidad. Creo que la furia se diferencia del enfado en que afecta a los sentimientos con más intensidad y es más universal. Es una fuerza extraordinaria que puede ser beneficiosa cuando se canaliza constructivamente. La furia es la consecuencia de una acumulación de falta de respeto y desprecio. El enfado nos hace soplar, mientras que la furia estalla por todo.

Raquel había tenido un pequeño accidente automovilístico y estaba irritada con el otro conductor, que era el causante, por las molestias que le acarreaba el incidente. Cuándo él hizo en broma un comentario al policía sobre las mujeres que conducían, se puso furiosa. ¿Qué había despertado en ella ese comentario? Quizá un profundo resentimiento por las ocasionales ofensas que las mujeres aguantan o tal vez una aguda rebelión contra la devaluación del ser femenino por el masculino. Sea cual fuere la razón, se reavivó algún tema esencial para Raquel y el resultado fue la furia. Afortunadamente para el resto de las mujeres, no calló sus sentimientos, y como resultado de su explicación el conductor se excusó.

La frase de Virgina Woolf «araña a una mujer y verás la furia» es indicativa de nuestra rebelión a que reine la injusticia. La furia es el combustible de la revolución. Las mujeres, en las que el fuego nos quema en lo más hondo del corazón ante las desgracias del mundo, el país, la comunidad y el propio hogar, podemos constituir una fuerza revolucionaria con la que identificarnos en la lucha por el amor, la libertad personal y la creencia en la comunicación entre todas las personas y las cosas.

En lugar de apagar las llamas de nuestra furia, comprometámonos, avivemos las ascuas y contengamos y canalicemos sosegada y cariñosamente la furia hacia nuestro bien, el de los demás y el de la Madre Tierra. Que el flujo de nuestra furia colectiva ilumine el camino para nuevas actitudes de solidaridad y riegue la conciencia colectiva con conceptos de igualdad para todos.

> *Tengo el coraje de decir lo que pienso*
> *cuando me encaro con la injusticia.*
> *Tengo derecho a utilizar mi furia*
> *constructivamente y sé cómo hacerlo.*

Mantener las relaciones

Recientemente una de mis mejores amigas me dijo algo que fue como regalarme un ramo de rosas. Nos estábamos despidiendo después de una larga y emotiva conversación telefónica cuando le dije que no se podía describir con palabras lo mucho que la quería; ella respondió que mi conducta sí lo demostraba, sin lugar a dudas.

Me quedé asombrada de lo increíblemente adecuada que era su respuesta respecto a todas las relaciones. ¿Coincide nuestra conducta con nuestro compromiso con los demás? ¿Mantenemos las relaciones que valoramos con atención y cuidado, o estamos atrapados en la vorágine del ajetreo e ignoramos a las personas que queremos?

Las relaciones son tan importantes como el aire que respiramos. Sin relaciones nos sentimos desolados, desconectados de la vital fuente de respaldo. Lo cierto es que con nuestros ocupados horarios, no siempre es fácil dar prioridad al hecho de mantener nuestras relaciones. Afortunadamente, la mayor parte de nuestras relaciones de corazón, esas que engrandecen nuestra vida y multiplican nuestra dicha, son resistentes y pueden avanzar sosteniéndose en puntuales explosiones de atención y amor. Pero si mantener y alimentar nuestras relaciones nos parece una obligación más que absorbe nuestra energía, debemos cambiar esa percepción y ver la amistad como algo sagrado, un don que damos y recibimos que mejora la vida.

Elizabeth Yates escribió un hermoso pasaje en su libro *Up the Golden Stair*: «Mantén tus relaciones. Sigue el impulso de tener un encantador detalle con otra persona siempre que se te ocurra. Después no te arrepentirás por no haberlo hecho. Ésa es una de las cosas que he descubierto este año: que si obedecemos los secretos impulsos del corazón y la mente, nunca tendremos un eco que nos diga "demasiado tarde"».

Abre tu corazón un momento y déjate guiar por tu intuición para saber quién necesita que hoy le dediques una palabra de aliento. ¿Qué detalle, cumplido o momento de tu tiempo puedes darle a alguien con quien quieres mantener la relación?

---

*Mantengo y cultivo mis relaciones dando
lo que me indican mis impulsos.
Soy una amiga de confianza para mí y
para los demás.*

---

8. Invitar a la abundancia

La vida engendra vida. La energía crea energía. Sólo si nos damos nos enriquecemos.

Sarah Bernhardt

Una amiga que fue a un congreso se sorprendió al advertir que en el desayuno todo el mundo tenía café menos ella. Molesta, preguntó: «¿Por qué yo no tengo café?», a lo que alguien le respondió: «June, para que te sirvan café, tienes que girar la taza boca arriba». Eso es precisamente lo que hacemos en no pocas ocasiones, olvidarnos girar la taza para recibir.

A menudo tenemos escrúpulos para esperar y aceptar la abundancia. Quizá se deba a que históricamente las mujeres hemos rendido servicios que se daban por supuestos, sin ser respetados ni reembolsados, y aprendimos a dar a los demás sin esperar nada a cambio. Para invitar la abundancia a nuestra vida debemos pensar que merecemos recibir la infinidad de bendiciones que la vida ofrece: relaciones solidarias, tranquilidad mental, hijos equilibrados, salud, dinero suficiente y un trabajo satisfactorio, por nombrar algunas.

Sean cuales fueren las razones por las que vacilamos en aceptar la prosperidad en nuestra vida, es importante que *ahora* cambiemos cualquier creencia que nos limite y nos demos cuenta de que merecemos vivir la vida en abundancia, tanto práctica como emotivamente.

Entrar en la corriente

¿Has hecho alguna vez *rafting*? Si es así, imagínate qué hubiese pasado si el guía hubiese propuesto *subir* por el río, en vez de bajar. Tratando de luchar denonadamente contra la corriente, para remontar el río, pronto se hubiese desvanecido la excitación por el viaje.

Seguramente no aceptaríamos un guía así. Pero en nuestra vida interior lo hacemos muchas veces. Todos los días, embarcadas en el río de la vida, nuestras actitudes y creencias sobre la abundancia, nos hacen ir contracorriente. Si, por ejemplo, pensamos que la vida es como una tarta y no hay suficiente, terminaremos con hambre; o si creemos que merecemos sólo un flaco avituallamiento de respeto, felicidad o dinero, probablemente eso es lo que recibiremos; es bastante parecido al hecho de resistir la corriente.

Hace algunos años, mientras seguía un cursillo sobre prosperidad, una amiga y yo vimos que teníamos pensamientos restrictivos que nos impedían entrar en el flujo de la abundancia. Nos pidieron que escribiéramos cuánto queríamos ganar al año. Mientras que la mayoría de hombres escribían alegremente números con muchos ceros, Bonnie y yo hicimos unos cálculos muy conservadores. Nos preocupaba qué pensarían los demás, nos preguntábamos si lo merecíamos y temíamos no ser queridas ni aceptadas si teníamos ingresos generosos.

Las mujeres necesitamos liberarnos de esas creencias abnegadas sobre el dinero y considerar la prosperidad como libertad; una libertad para hacer más por nosotras y ser más serviciales con los demás. Debemos aprender a apreciar nuestro talento aceptando y valorando nuestra capacidad para ganar dinero.

Cuando creemos que somos merecedoras de recibir y que el universo desea ser benevolente con nosotras, podemos fluir con la corriente de la abundancia y sentirnos cuidadas y ricas, con independencia de las circunstancias. La abundancia es, en gran parte, una actitud.

Merezco vivir con abundancia.
Considero que la prosperidad da libertad.
La vida es una bendición abundante y
merezco de todo.

Desplegar las velas

Una de las cosas que conviene aprender para sentirse más segura es abrirse para recibir lo que queremos, deseamos y merecemos. Con frecuencia sentimos la necesidad de recibir, pero no sabemos cómo hacerlo. Somos muy buenas para dar, pero a veces intentamos coger a ciegas. Navegamos por la vida como un velero con las velas bien plegadas. Lo bueno que debemos saber es que incluso las dadoras más empedernidas pueden invitar la abundancia en sus vidas, descubriendo cómo abrir las velas de manera que el viento les dé de lleno. Pero primero debemos ser conscientes de que está tan bien recibir como dar.

Con ese fin, siéntate cómodamente con la espalda recta, deja de pensar en las actividades del día y concéntrate en el presente. Si la mente se te va, trata de volver a centrarla en el momento y lugar en que está ahora. Si tu postura te resulta incómoda, colócate mejor. Empieza a pensar en el agua, que relaja. Imagínate un lago, agitado por una suave brisa. Al ver que estás en un puerto deportivo, plagado de veleros, intuitivamente te das cuenta de que sabes navegar. Elige el barco que más te atraiga y adéntrate en el lago.

Ahora piensa en lo que quieres hacer. ¿Flotar? ¿Remar? Si prefieres navegar, visualízate desplegando las velas y colocándolas perfectamente, con gran maestría y ligereza. Recuéstate en las almohadillas, con la mano en el timón y deja que el viento trabaje por ti. Avanzas fácilmente sobre el agua, maniobrando para aprovechar los mejores vientos. Si te resulta una impresión agradable, sigue disfrutando de la experiencia. Si te sientes incómoda, ponte en un sitio en el que te sientas bien; asegúrate que mereces recibir todo lo bueno que deseas.

Recíclate suavemente para aceptar de los demás del mismo modo en que les das. No es fácil cambiar, pero si nos apoyamos y confiamos en nosotras, podremos *ver* realmente que está bien que abramos las velas.

Recibo con facilidad.
El amor y la luz fluyen cada vez más
desde mí y hacia mí.
La vida es buena y tengo las velas
desplegadas.

Envejecer bien

A menudo nos espanta envejecer, pero de hecho puede ser lo que nos proporcione una mayor sensación de comodidad y seguridad. Jean Shinoda Bolen investigó en qué momentos de la vida las mujeres se sentían más felices. Los resultados fueron sorprendentes: las mujeres que vivían solas y tenían entre sesenta y setenta años eran de las más felices. Obviamente, esas mujeres sabían envejecer.

Para aprender a disfrutar por el hecho de hacernos mayores debemos fijarnos en las ventajas que implica, no en las pérdidas. Para centrarme mejor en las cosas positivas que gano con los años, cada década adopto un lema. Este decenio mi credo es: «Los cincuenta significan la libertad». Mis cincuenta años me han aportado la libertad de no estar más encadenada a lo que piensan ellos, sino a lo que pienso yo. ¡Vaya bendición y descanso!

Para centrarte en las numerosas ventajas de envejecer, apunta algunas de las libertades que has ganado por vivir tantos años como tienes. ¿Qué lecciones has aprendido? ¿De qué cadenas emocionales te has liberado? ¿Qué heridas has curado? Dedica unos momentos a dar las gracias por esas ventajas.

Ahora cierra los ojos tranquilamente y visualízate como una sabia y sosegada anciana. Mira a la mujer que eres ahora respetando a esa venerable anciana, que tanto se lo merece. Pregúntale qué quiere y qué necesita hoy de ti para envejecer bien. ¿Estás dispuesta a darle lo que pide? Si no, pregúntate por qué. ¿De qué tienes miedo? Si puedes darle a tu personalidad anciana lo que necesita, convéncela de que estás dispuesta a hacerlo y pregúntale si tiene algo que enseñarte. Cuando sientas que ese encuentro ha terminado, despídete cariñosamente, sabiendo que puedes regresar a verla siempre que quieras.

La gratitud por la abundancia de experiencias y por la sabiduría acumulada con los años nos ayuda a envejecer bien.

Me gusta la edad que tengo.
Cada año soy más sabia y tengo más
facilidad de aceptación.
Me siento bien conmigo ahora.

Regodearnos en la vida

La tía Mame, reina de la vida abundante, decía a su sobrino: «La vida es un banquete y aún así hay desgraciados que se mueren de hambre». La tía Mame pretendía hacerle comprender que debía disfrutar de las posibilidades de la vida. Desgraciadamente, muchos interpretamos un mensaje muy diferente a partir de lo que observamos cuando crecimos.

Muchos llegamos a la vida adulta con vagos sentimientos de que la abundancia es, en cierto modo, mala. Quizá nos formamos esas ideas cuando aprendimos a compartir los juguetes infantiles o tal vez eran una interpretación errónea de los dichos que atribuyen al dinero un carácter maléfico. La Biblia no condena el dinero en sí, sino el *amor* por el dinero. Pero lo cierto es que nos sentimos culpables regodeándonos en la prosperidad y buscando una vida cómoda.

De todos modos, los que deducimos que es mejor estar desprovistos que ser privilegiados, no somos tan desafortunados como aquellos a quienes se les dijo directamente que ellos, personalmente, no merecían privilegios. Un día comenté a mi cliente Vanessa lo bonito que era el brazalete que llevaba y le saltaron las lágrimas.

Vanessa, víctima de incesto, se había puesto el brazalete un día que fue a visitar a sus padres, y su madre le dijo: «¿Por qué te has creído que mereces gastar tanto dinero en algo tan frívolo?». Ni qué decir tiene que Vanessa se hundió y juró no volver a ponerse el bracelete hasta que su niñita interior herida se curara y no le afectaran de esa manera las palabras hirientes de su madre. Las lágrimas de Vanessa respondían al dolor que había soportado de niña y a la determinación que demostró al salir de ahí. El brazalete se convirtió en el plateado símbolo de su coraje.

Para aprender a regodearnos en la vida, podemos adoptar una Tía Mame interior que nos recuerde incesantemente que merecemos compartir el banquete y no necesitamos seguir pasando hambre en medio de la abundancia. Cuando empecemos a considerarnos merecedores de amor, seres únicos con derecho a vivir la vida en toda su plenitud, sabremos aceptar mejor lo bueno que está a nuestra alcance y creeremos que, como dice Julia Child: «La vida es la diversión por antonomasia».

Soy una mujer única merecedora de amor.
Tengo la libertad de regodearme cuando
es apropiado.
¡Elijo vivir!

Besar la mano que nos alimenta

Para sentir que vivimos en la abundancia, lo primero que hay que hacer es enamorarse de sí mismo, besar la mano que nos alimenta, en lugar de maltratarla. Sé que puede sonar narcisista, pero realmente no lo es. Al apreciarnos enseñamos a los demás a tratarnos mejor y conseguimos que la persona con la que estamos siempre –uno mismo– esté de nuestro lado.

El trato que me dispensó el camarero que me sirvió en un restaurante, me dió un divertido marco para la idea de besar la mano que nos alimenta. Durante toda la comida el apuesto y delicado camarero me trató –parecía decirlo con sinceridad– de «bella dama». Me colocó cuidadosamente la servilleta sobre la falda, se apresuraba a llenarme el vaso de agua e incluso corrió cuando me iba para desearme las buenas noches. Me *sirvió* durante esa comida, que me pasó volando, y me sentí mimada como objeto de su caballerosa atención. Se hizo merecedor de la propina más generosa que he dado en mi vida.

Más tarde, mientras recordaba las sensaciones que había tenido durante esa cena, me preguntaba qué pasaría si nos sirviéramos con gracia y cariño, de manera que nos hiciéramos sentir especiales; si estuviésemos solícitamente pendientes de nuestras necesidades y nos apresurásemos a satisfacerlas con entusiasmo. Si nos tratásemos tan bien, probablemente devolveríamos ese tratamiento con generosas propinas de un creciente amor propio.

Un día hazte el regalo de estar pendiente de ti, como ese camarero. Eso no significa que cambies necesariamente tu rutina, pero por un día –tiempo que espero que se amplíe a toda tu vida– concédete el placer y el privilegio de preguntarte: «¿Qué puedo hacer para que el día me parezca mejor? ¿En qué puedo servirme ahora?». Si aprendemos a besar la mano que nos alimenta, a cambio nos acariciará cariñosamente la mejilla.

> *Soy un ser bello y único y me trato de acuerdo con ello.*
> *Satisfago alegremente mis propias necesidades y tengo el coraje de pedir lo que deseo y necesito de los demás.*
> *Me doy generosas propinas.*

Alimentar el fuego
de la creatividad

El maravilloso consejo de Elizabeth Barret Browning, «¡Ilumina el mañana con el hoy!», significa que *hoy* debemos estar encendidos, inflamados, por el deseo de realizar nuestros sueños.

Para avivar las llamas, debemos respaldar con entusiasmo nuestras ideas, por muy locas o inverosímiles que parezcan. Todos somos creativos, lo único que debemos hacer es conectar con lo que soñamos por las noches para verificarlo. No obstante, muchos echamos un jarro de agua fría sobre nuestras ocurrencias diciendo que no las podemos realizar o que nuestras ideas no son *realmente* buenas. Humedecido por la duda, el fuego de la creatividad se puede apagar. En nuestras manos está avivar las llamas de la creatividad, pues creer en uno mismo es el fuelle más eficaz para atizar el fuego del pensamiento creativo.

Otro truco para encender un ascua es *atizarla con alegría*. Rodéate de personas que acojan calurosamente tus ideas tratándolas con respeto y *desenfado*. Si nos tomamos demasiado en serio nos bloqueamos; en cambio, si disfrutamos del proceso y nos entusiasmamos imaginando cosas geniales, fluye el jugo creativo.

Para empezar a lubricar rápidamente los eslabones creativos, sin pensártelo demasiado escribe por lo menos seis finales a este principio: Si creyese en mí, _____. Como en la anterior, rápidamente y sin ánimo de juicio, termina esta frase: Si me permitiese realizar mis sueños, _____. Juega con lo que dice la expresión. Forma algunos inicios de frase y luego termínalos. Enciende el fuego y disfruta del proceso.

Eres creativo. Atrévete a hacer cosas nuevas. Desperézate y arriésgate. No pasa nada si lo intentas y fallas. De hecho, el fallo es una parte esencial del proceso creativo. El único fallo verdadero es no intentarlo. Podemos resultar enormemente creativos si creemos en nosotros y nos encendemos.

> *Creo en mi creatividad.*
> *Me gusta probar nuevas cosas y*
> *tener nuevas ideas.*
> *Enciendo mis pensamientos creativos y*
> *disfruto con ellos.*

Convertirse en un portador
de gracia

Hay personas que parecen ser portadoras iluminadas de gracia. De ellas fluye una vibración de compasión casi visible y a su lado nos sentimos dichosos y elevados. Algunas son santas y otras son personas *corrientes* que tienen la extraordinaria habilidad de dejar que el respeto y la bondad fluyan por ellos, por lo menos ocasionalmente.

Hace algunos años tuve la oportunidad de observar cómo alguien se convertía en un portador así. Acompañé a la doctora Elisabeth Kubler-Ross a ver una paciente. Mientras nos dirigíamos a la habitación de la joven, Elisabeth se quejaba por algo y estaba de mal humor.

Aunque quien empujó la puerta para entrar era una doctora irritada, quien entró en la habitación era una mujer radiante, llena de gracia y compasión. Me quedé admirada ante el amor que emanaba de Elisabeth hacia la guapa tetrapléjica que estaba encamada. En los pocos minutos que permanecimos en la habitación, pasó de ser un rincón triste e impersonal a un santuario de aceptación y paz.

Creo que una de las razones por las que Elisabeth es semejante portadora de gracia es porque está totalmente entregada a llevar paz y bienestar a los moribundos y los afligidos. Puesto que tiene muy clara su *intención*, incluso en medio de la irritación, puede centrarse y dejar fluir por ella la energía curativa. Si Elisabeth puede hacerlo, nosotros también.

Cierra los ojos y concéntrate poco a poco en la respiración, permitiendo que el aire entre y salga naturalmente. Durante unos minutos piensa sólo en la respiración; sin esforzarte, cuando te distraigas, vuelve a centrarte en ella. Pregúntate qué tipo de gracia te gustaría portar hoy. Visualízate recorriendo el día como si ya *fueses* ese portador. ¿Cómo te sientes? Fíjate cómo tu donación de gracia afecta a las personas con las que te encuentras. Permite que esa gracia fluya hacia ti, llegue a los demás a través de ti, y regrese hacia ti.

Podemos convertirnos en amorosos portadores de la gracia más apropiada para nuestro particular recorrido.

Soy portador de gracia.
El amor fluye hacia mí y a través de mí.

Volar con el viento a favor

La abundancia se puede describir como el tranquillo
para vivir con una actitud de gratitud. Si constantemente corremos hacia adelante, tratando desesperadamente de hacer lo que se *debe*, sin descansar para
renovarnos, pronto nos quedamos sin gas. Pararnos
para descansar, para *ver* realmente los prodigios del
mundo, y dejar sitio para intervalos de agradecimiento nos infunde energía para proseguir.

La gratitud es un viento a favor que nos permite
viajar más lejos y más rápido. Una anciana de la familia de mi marido está prácticamente inválida y, no
obstante, tiene un espíritu alegre. Muchas conversa-
ciones suyas empiezan con expresiones como: «¿No
os parece maravilloso que...? «¿Habéis visto que día
más fantástico tenemos hoy?» y «¡Tengo una suerte
increíble de tener amigos tan estupendos!». Naturalmente, ella también tiene sus momentos bajos, pero,
con la elasticidad de un balón fuera de serie, salta otra
vez a una actitud de gratitud.

La otra cara de ese optimismo era la actitud de una
mujer que había trabajado varios años como voluntaria
para un hospicio. Me quedé atónita cuando me explicó

que no veía *nada* bueno en *ninguna* cosa relacionada con las enfermedades. Sé que nadie se enamora de enfermedades ni de la muerte, pero, si nunca encontró rosas entre las espinas, para esa mujer y para las familias a las que la mandaron debió de ser especialmente duro.

Concédete el impagable regalo de apaarte del torbellino unos minutos y escribe todas las cosas que ves en este momento por las que te sientes agradecida. Amplía tu lista para incluir personas y circunstancias que no tienes ahora a la vista. Como gratificación especial, añade a la lista cosas intangibles, como actitudes, experiencias, filosofías, etcétera. Mirando la lista, abre tu corazón a un flujo de gratitud y apreciación. Visualiza ese flujo de agradecimiento envolviéndote como una niebla irisada que abraza a todos aquellos con los que estás en contacto.

Volar con un viento a favor de gratitud ayuda a saborear los momentos sin esfuerzo y nos hace pasar con más rapidez los espacios turbulentos.

Me siento agradecida por mi vida.
Me siento especialmente agradecida por
_____.
Aprecio la vida, tanto el grano como la paja.

Levantar el vuelo desde
el nido vacío

Contrariamente a lo que suele decirse sobre las esposas de edad –o, más propiamente en este caso, las *madres* mayores– las mujeres no siempre se entristecen al ver que se vacía el nido. De hecho, muchas lo encuentran uno de los momentos más liberadores y pletóricos de la vida.

Por supuesto, hay excepciones. Las mujeres que, aparte de la familia, no tenemos intereses propios, o hemos utilizado a los hijos como nuestro sostén emocional o no sabemos pensar en nuestras necesidades sin sentirnos culpables, podemos caer presas de la depresión cuando los hijos se van. Puesto que pueden pasar cerca de treinta años antes de que lleguen nuevos niños a la familia, conviene que empecemos a asegurarnos ahora de que esas décadas serán provechosas y agradables.

Si tus hijos siguen en casa, siéntate en un sitio en el que no se te vaya a molestar (el baño era a veces mi último bastión de intimidad) e imagínate como una mujer de mediana edad en un hogar en el que sólo hay adultos. Si te entusiasmas, probablemente eres de esas que fácilmente saldrá del nido vacío; pero si la idea de no tener niños en casa te resulta problemática, pregúntate dónde te has estancado en el proceso materno. ¿Qué necesitas para dejar que tus hijos entren en la vida adulta y tú en tus fértiles años y en los que te vaya añadiendo la vida?

Si tu nido ya está vacío y disfrutas de la vida, estás bien contigo. Si, en cambio, la vida te parece vacía, en bien de tu existencia individual abre valientemente la puerta para sacar tus sueños personales del armario y quítales el polvo. Considera tu situación en términos de libertades que has ganado –anótalas– en lugar de pensar en la pérdida de una función y unos derechos. Recuerda quién eras *antes* de tener hijos y piensa qué quieres ser *ahora*. Si te sientes bloqueada, busca ayuda, porque es posible gozar de la oportunidad de pensar en ti, para variar.

> *Soy importante y apreciable.*
> *Creo cuidadosamente mi vida y permito que*
> *mis hijos hagan lo mismo.*
> *¡Yupiiiii! Soy libre para ser yo.*

9. Crecer con la pérdida

Me gusta vivir. A veces me he sentido terrible y desesperadamente miserable, destrozada de pena y, precisamente después de eso, sigo pensando que el solo hecho de vivir es una gran cosa.

Agatha Christie

La pérdida en la vida es inevitable y experimentar el dolor de la pérdida es como sumergirse en un infierno emocional. Cuando nos atormenta un dolor lacerante necesitamos simplemente sobrevivir, encontrar puntos de apoyo que nos proporcionen todo el consuelo posible. El dolor reciente requiere unos hombros fuertes sobre los que podamos llorar. Para curarnos naturalmente y crecer a través del dolor, debemos permitirnos sentirlo.

A pesar del dolor que comporta, la pena también puede ser la puerta hacia la rica cueva del ser, el santuario del alma. Si nos comprometemos a crecer, pasito a pasito, saldremos del pozo de la pérdida, cargados con preciosas joyas de fuerza, resistencia y mayor capacidad de empatía y dedicación.

Para los que, en nuestra aflicción, tratamos conscientemente de aceptarnos y entendernos mejor a nosotros y al misterio que llamamos Dios, el abismo de desespero puede convertirse en una incubadora para la compasión y la convicción espiritual. No hay manera de evitar el insoportable horno de la pena y permanecer emocionalmente sano, pero del fuego abrasador puede surgir un recipiente más hermoso y útil.

Reconocer el proceso del dolor

El dolor es un proceso. Sólo cuando se expresa naturalmente puede haber una auténtica curación. Tras sufrir una pérdida, la mayoría de personas recorren determinadas etapas para rehacerse. Se siente temor, pánico, conmoción, ira, negación, depresión y, finalmente, aceptación. Los he nombrado, más o menos, en el orden en que mucha gente los experimenta, pero, puesto que las emociones son rara vez diáfanas y ordenadas, es perfectamente natural saltarse algunas etapas u oscilar hacia adelante y hacia atrás.

El viejo adagio «ignóralo y quizá pase» puede ser cierto para algunas cosas, pero no para el dolor. Si ignoramos la pena, permanecerá, royéndonos las entrañas. Así pues, para curarnos completamente, debemos reconocer y confiar en el proceso de la aflicción y hacer acopio de coraje para pasarlo, buscando alivio a lo largo del camino.

El dolor es tan intenso que el que lo experimenta puede pensar que se vuelve loco. Para garantizar la cordura, recomiendo encarecidamente unirse a un grupo de apoyo para personas en duelo. Poder hablar abiertamente con otros que experimentan emociones similares es extremadamente liberador y curativo. También hay estupendos libros que describen detalladamente las etapas de la aflicción. Puede ser muy útil leerlos, pero no hay que desanimarse si al principio cuesta concentrarse en ellos. La falta de concentración temporal, aunque asusta, es natural en el proceso de duelo.

El fin último del proceso de dolor es aceptar la pérdida y comprometerse a crear una vida nueva y llena en otras circunstancias. La sana aceptación no significa aceptar el fatalismo ni una mártir resignación, sino la serena comprensión de que resistirse a las circunstancias sobre las que no tenemos control sólo causa más aflicción. Si nos permitimos sufrir naturalmente –consumiendo la angustia mediante la aceptación y el honesto reconocimiento de los sentimientos– volveremos a sentirnos en paz.

Tengo el coraje de llorar.
Me apoyo y cuido, especialmente cuando siento dolor.
Me alivio pidiendo ayuda a los demás cuando la necesito.

Acunar un corazón aturdido

El peso de muchas heridas puede hacer tambalear el corazón. Tanto si la herida es grande como si es pequeña, es esencial que mientras titubeamos apenados en busca de equilibrio, contemos con respaldo.

Si bien el hecho de aceptar con comprensión el dolor que atormenta ya proporciona un gran alivio interior, es imprescindible dejarse ayudar. La combinación de la ayuda interna y externa puede ser milagrosa. Una mañana temprano, después de la muerte de mi madre, conducía a casi ciento veinte por la autopista cuando oí un extraño ruido y sentí la necesidad de detenerme. Al reducir, una rueda saltó en pedazos. Cuando vi lo que había pasado, di las gracias por estar ilesa y pregunté en voz alta: «Madre, ¿era de esto de lo que me avisabas?».

La respuesta fue mi involuntario llanto y un reconocimiento interior de estas palabras: «Tú eres mi hija, te cuidaré». Mi corazón, turbado por la pérdida no sólo de una madre sino también de una querida amiga, era acunado por sus continuos cuidados.

Como ejercicio para acunarte y aliviarte, cierra los ojos y coloca las manos sobre el corazón. Durante unos momentos, concéntrate en el ritmo del corazón. Da las gracias por su fidelidad. Fórmate en la mente una imagen de ti estando apenada. Con las manos protegiéndote el corazón, observa piadosamente tu personalidad herida. ¿Quién es? ¿Qué apariencia tiene? ¿Cómo se siente? ¿Quién hay en tu familia interior que la pueda aliviar? ¿Qué persona o cosa puede consolarla en su sufrimiento? Deja que tu sabio subconsciente te presente una visión en la que aparezca consolada. Déjate cuidar, abre tu corazón y recibe la compasión y el alivio.

Cuando sientas dolor, acuna tu aturdido corazón con la misma voluntad como lo harías con un precioso bebé.

Me acepto y cuido cuando siento dolor.
Estoy tan dispuesta a acunar mi corazón
como el de los demás.
Permito que los demás me cuiden y apoyen.

Hacia el equilibrio y la armonía

La vida es un ciclo incesante en el que se nace, se muere y se vuelve a nacer, mezclándose los cambios, las pérdidas y las buenas nuevas. No es fácil aprender a permanecer equilibrados y en armonía con nosotros mismos, con independencia de las circunstancias.

Para avenirnos con la fluctuante fortuna, inspirémonos en la Madre Naturaleza. En ella hay un fluído equilibrio de opuestos, es decir, calor y frío, luz y oscuridad, verano e invierno. La Madre Naturaleza nos enseña que hay una estación para cada cosa; nos da esperanzas, mientras estamos en el centro de la oscuridad, de que *eso también pasará*.

Recientemente recibí una carta de una joven viuda que constituye el hermoso testimonio de una mujer que, en medio de la adversidad, ha aprendido a conseguir el equilibrio y la armonía interior. Jo Ann tenía solo cuarenta y un años cuando su marido murió de un tumor cerebral. Ella tuvo que criar a sus cinco hijos, el más pequeño de los cuales tiene el síndrome de Down. Por si fuera poco, su marido había dejado expirar el seguro de vida. No tenía dinero para vivir ni para pagar las astronómicas facturas médicas acumuladas.

En los últimos cuatro años Jo Ann y sus hijos han pasado por triunfos y tragedias, pero su carta era optimista. Entre otras cosas, decía: «Estoy disfrutando de mi nueva libertad, de mi capacidad para dirigir y, por supuesto, de mis cinco fabulosos hijos». Con la carta venía una tarjeta en la que una leyenda decía: «La enfermedad es curativa».

A partir del crisol de muerte y desespero, Jo Ann forjó una nueva vida animándose emocionalmente y pidiendo el respaldo que necesitaba. Si, en semejante situación, Jo Ann puede alcanzar el equilibrio, también hay esperanza para nosotros.

Para sentirte con más armonía, hazte un favor liberador y elabora una lista de maneras en las que necesites apoyarte *hoy*. Quizá es necesario poner más de ti en la balanza de tu vida para equilibrarla adecuadamente. El equilibrio comporta de forma natural tranquilidad mental y armonía espiritual.

> *Acepto e incorporo el cambio en mi vida.*
> *No olvidándome de mí aporto equilibrio y*
> *armonía a mi vida.*
> *Creo que esto, también, pasará.*

Inspeccionar las mareas

La Duquesa de Windsor escribió: «La vida de una mujer puede ser una sucesión de vidas, en la que cada una gire en torno a una situación forzosa o desafiante y esté marcada por una intensa experiencia». Como sugiere la Duquesa, nuestras vidas y sentimientos son flujos y reflujos naturales; existimos en medio de mares tranquilos y turbulentos. Una de nuestras principales tareas como seres conscientes es investigar sobre nuestras mareas altas y bajas.

Es fácil aceptar el ritmo de la vida cuando vamos en la cresta de la ola, estimuladas por la favorecedora corriente. Mucho más difícil es aceptar las mareas bajas, las tormentas que la vida presenta. Para crecer en la comprensión debemos aceptar el desafío de explorar los flujos interiores de nuestra costa cuando el océano retrocede.

Después de haber sido golpeadas por una *tsunami* emocional, vale la pena inspeccionar las mareas dejadas por la adversidad. De ellas podemos extraer la necesaria información para crear una vida de bienestar emocional. Aunque puede resultar arduo y lento trabajar exponiendo las áreas vulnerables y heridas, a la larga, puede ser liberador. Para crecer a través de las secuelas de la pérdida, a menudo necesitamos los reconfortantes brazos de amigos que nos respalden y quizá la guía de un terapeuta competente.

Analiza poco a poco tus mareas. ¿Qué puntos vulnerables quedan al descubierto en los momentos bajos? ¿Qué puntos fuertes? Pregúntate qué puedes hacer para animarte emocionalmente durante las mareas de la vida, y comprométete a aceptarte tanto en las mareas altas como en las bajas.

Cuando nos animemos a explorar las maravillas de nuestra marea interior, encontraremos un rico mar de conocimiento y comprensión. Esos descubrimientos se pueden convertir en un bote salvavidas en el que capear las diferentes mareas de nuestras vidas sucesivas.

Valoro las lecciones aprendidas en los momentos bajos.
Soy fuerte y capaz.
Soy una superviviente y una eficiente optimista.

Abrir la puerta al dolor

Para sostenernos con cariño, es absolutamente necesario que nos acerquemos, con *delicadeza*, a las oscuras noches del alma. Del mismo modo en que se nos enseña a recuperar el control del coche en una carretera helada, necesitamos *entrar* en nuestros sentimientos, en lugar de *salir* de ellos. Sólo si entramos y avanzamos *a través* de nuestros sentimientos podremos llegar a controlarlos y a emerger a la luz de la curación.

Cuando estamos en el umbral del dolor tenemos la perentoria necesidad de aliviarnos. Necesitamos que los amigos nos protejan, nos escuchen sin juzgar y nos apoyen incondicionalmente; pero también debemos estar ahí para nosotras, cultivando una intimidad interna simpática, de aceptación y confianza.

Abrir la puerta del dolor significa que nos permitimos sentirlo, examinarlo y luego liberarlo o, por lo menos, expresar nuestra intención de dejarlo ir. Si podemos encontrarnos con nuestro dolor mientras nos sentimos seguras, centradas en el sagrado corazón de lo divino –sea lo que fuere lo que eso signifique para cada una– estaremos menos aterradas y más predispuestas a afrontarlo.

Como un experimento para encontrar un centro sagrado, siéntate tranquilamente en un lugar en el que te sientas especialmente cómoda. Concéntrate en llevar calor y luz a tu corazón. Con los ojos cerrados, visualiza un débil rayo de luz emanando de tu corazón. Igual que si fuese una linterna, dirige la luz de tu corazón a una distancia entre veinte y treinta centímetros de ti. Muy lenta y naturalmente, imagínate que en medio de tu luz empieza a formarse un Ser amoroso. En presencia del Ser te sientes segura, totalmente querida y aceptada. Siguiendo sus indicaciones, te acercas a él, que te estrecha en un sostenido abrazo. Disfruta de esa paz hasta que te sientas lista para abrir lentamente los ojos, sabiendo que ese Ser quiere estar contigo siempre que le llames.

> *Merezco descansar en el sagrado corazón*
> *del Divino.*
> *Soy una íntima amiga mía.*
> *Me apoyo a mí y a los demás cuando hace*
> *falta abrir una puerta dolorosa.*

Darnos un respiro y aceptar que nos cuiden

Cuando estamos mal uno de los anhelos más profundos que tenemos todos, hombres y mujeres por igual, es que nos cuiden. En esas situaciones en las que vagamos confundidos o angustiados, es un maravilloso alivio que alguien nos sostenga firmemente con sus brazos. Cabe preguntarse por qué, aunque tengamos tanta necesidad de cuidado y apoyo, nos aislamos de los demás.

Se me ocurren varias razones: no queremos ser una carga, estamos más cómodos siendo *dadores* de cuidado, que *receptores*; sentimos que no tenemos el derecho de estar *en baja forma* o nos avergonzamos de nuestros sentimientos y pensamos que somos excesivamente emocionales.

Para reconquistar nuestra confianza y fortalecernos, necesitamos aprender a darnos un respiro y permitir que nos cuiden cuando nuestras fuerzas están mermadas y estamos bajos de reservas. Cuando estamos enfermos, nos curamos más rapidamente si damos a los demás el impagable regalo de poder atendernos. Si el impacto del dolor nos deja turbados, desorientados e incapaces de dormir bien, es esencial reconocer que es el momento de apoyarse en el protector abrazo de los que nos quieren y desean cuidarnos. Rechazar ayuda testarudamente es contraproducente para reponer fuerzas, mientras que si nos animamos a dejar temporalmente de lado las cargas de la responsabilidad se crea un clima en el que la curación puede arraigarse.

Todos tenemos momentos en que nos quedamos en baja forma emocional y física. Aunque pueda ir contra nuestra naturaleza o nos resulte extraño, a veces lo más sabio y eficaz que podemos hacer es admitir nuestra debilidad y tener el coraje de aceptar el cuidado de los demás.

Tengo el coraje de admitir mi debilidad.
Acepto y recibo ayuda de los demás cuando
la necesito.
Encuentro natural dar y recibir.

El dolor invita al amanecer

La congoja nos roba el sueño. Esas largas y negras horas desde las tres de la madrugada al amanecer pueden ser absolutamente devastadoras cuando estamos afligidos, es como pasearse a solas por el valle de la oscuridad. El estar despiertos en la oscuridad de la Madre Naturaleza nos fuerza a enfrentarnos a la oscuridad que llevamos dentro. Es un tremendo reto buscar formas constructivas de lamentarnos en esas solitarias horas, formas que inviten a amanecer el nuevo día así como a una curativa salida de sol en nosotros, pero tenemos la fuerza interior para hacerlo.

La ira y la resistencia pueden convertise en compañeros de cama que nos mantengan demasiado excitados como para dormir. Es posible que tratemos de evitar las emociones por temor a vernos desbordados de rabia y de pena y no recuperar nunca el equilibrio. En esos casos, es mejor salir de la cama y *expresar* nuestros sentimientos, plasmándolos por escrito o en un dibujo, por ejemplo, que seguir acostados, enojándonos y frustrándonos más cada minuto.

Cuando me divorcié pasé una noche en blanco tan agitada por sentimientos de rabia y traición que lo lla-

238

mé la crisis de Prevención Suicida. Afortunamende para mí, respondió al teléfono un joven extremadamente maleducado que no estaba dispuesto a dejar de dormir por alguien que no estuviese a punto de morir desangrado o no hubiese tragado una cantidad letal de determinadas sustancias. Su insensible reacción fue la perfecta excusa para desahogar mi rabia contra los hombres. Le reconozco un gran mérito por no colgar mientras ponía como un trapo a los hombres en general y a él y a mi marido en particular. Con esa llamada dispuse de un lugar seguro para que yo, una «chica bien», se deshiciera del dolor y veneno acumulados. Después, me dormí y, como estaba previsto, amaneció.

A veces la pena parece insuperable, pero es más problable que nos venza cuando la rehuimos que cuando la experimentamos valientemente. Evitar los sentimientos liberados tan implacablemente durante la noche sólo genera negación, no curación.

Tengo el coraje de experimentar mis sentimientos.
Expreso mi rabia constructivamente.
Soy fuerte y capaz de trascender y curar mis heridas.

Descongelar un corazón congelado

En ocasiones, cuando nos asalta de golpe demasiado dolor, nos protegemos congelándonos emocionalmente. Quizá eso sirva para aislarnos de la profundidad del dolor que sentimos, pero también bloquea nuestra intimidad con nosotros y los demás y entumece nuestra capacidad para espabilarnos y reaccionar. Si nos protegemos congelándonos el corazón nos quedamos en un endurecido estado de apatía y letargo.

El hecho de saber que sólo nos congelamos cuando sentimos un tremendo impulso a aislarnos de nuestras heridas, nos hace ver la necesidad de descongelarnos poco a poco, pacientemente y con mucho cuidado. No debemos apresurarnos a despojarnos de nuestra protección porque, si lo hacemos, corremos el riesgo de exponer partes tiernas e indefensas de nosotros antes de que estén preparadas. Haz el favor de respaldarte buscando ayuda en las primeras etapas de «descongelación».

Una de las formas más comunes de protejernos es respirar lo más profundamente posible. Una manera suave y efectiva de iniciar el proceso de descongelación es respirar profundamente en el dolor, no fuera de él.

Tan pronto como vi a Brenda entrar en el restaurante supe que algo iba mal. Cuando le pregunté qué pasaba me respondió que no podía hablar de ello. Le cogí la mano y sólo le dije ¡Brenda, respira! Lo hizo y estalló en un torrente de lágrimas purificadoras. Al respirar a través de su armadura, Brenda realmente sintió su dolor y pudo empezar a aliviarse.

Siéntate en un lugar tranquilo (no creo que elijas un restaurante) y concéntrate en tu cuerpo. Fíjate si hay zonas que estén tensas. Respira profundamente hacia esas zonas y pídele a la respiración que desaloje gentilmente los sentimientos almacenados que necesiten atención. Si surgen los sentimientos, obsérvalos y déjalos pasar, o abre los ojos y escribe qué sientes o qué haces, lo que te parezca mejor. Sigue respirando suave y profundamente. Percibe el flujo de calor a medida que se abre tu cuerpo. Tenemos el poder de disolver nuestra helada protección cuando queramos.

Confío en mí.
Estoy a salvo.
Soy gentil y amable conmigo.

Rendirse a la esperanza

Nada es eterno. Las actitudes, las fiestas o las circunstancias no son duraderas y puesto que todo parece transitorio, de vez en cuando nos preguntamos en qué podemos realmente confiar. Creo que el principal reto que se nos plantea, en tanto que seres sensibles, consiste en trascender lo temporal y aprender a confiar en nosotros y en nuestra conexión con el Todo infinito, entregándonos a un Dios que da amor y al proceso global de vida y muerte.

No hace mucho tuve el privilegio de oír un conmovedor relato sobre rendición y confianza. Jill, una madre soltera de poco más de treinta años, quedó conmocionada cuando se le diagnosticó un raro cáncer terminal en estado avanzado. Naturalmente, al principio estaba aterrada y rabiosa, resuelta a vivir por su hija. Pero al ver que empeoraba su estado físico, Jill empezó a concentrarse en curarse emocional y espiritualmente.

Decidida, comenzó a revisar sus creencias, buscando las que podían exacerbar su enfermedad. Descubrió que una de sus ideas más arraigadas era que Dios nos recompensa si somos *buenos* y, por tanto, debía de ser mala, porque Dios la castigaba con cáncer. Analizando esa suposición, decidió reemplazarla con la fe en que Dios es todo amor y sólo nos desea el bien.

Jill empezó a ver que tenía que abrirse a *todo* lo que se le ofrecía, incluído el cáncer, y centrarse en aceptarse incondicionalmente y afianzar su relación con Dios. Resbalando y avanzando lentamente, Jill empezó a *sentir* una total confianza en Dios y en ella. El consuelo y el respaldo suscitado por su convencimiento de que Dios es un Ser benevolente y de amor, le permitió confiarle todo a la vida, incluso su deseo de vivir.

Dos años más tarde teníamos ante nuestro grupo a una serena Jill, emanando seguridad y paz, y totalmente curada. Dijo: «Me curé al abrir mi corazón. Durante la enfermedad me di cuenta de que no podemos morir. La muerte es sólo una puerta; lo esencial es nuestra relación con Dios». Puesto que todas las cosas son temporales, es mucho más fácil entregarse a la esperanza cuando se tiene fe en la eternidad.

Creo en un Dios benevolente.
Me acepto y confío en mí.

Encontrar consuelo en
los brazos eternos

Necesitamos respaldo con cierta regularidad, pero nunca de forma tan perentoria como cuando sentimos dolor. Carece de relevancia cómo se presente, si de forma tan devastadora como la muerte o el divorcio, o tan simple como un comentario desconsiderado. Sea cual fuere el daño, nuestra parte vulnerable desea un alivio y apoyo que puede tener diversas procedencias: amigos, familia, aceptación de uno mismo, seres queridos, lecturas edificantes y Dios, en la forma en que nos relacionemos mejor con él.

De niña, a Shoshana le gustaba el verso de la Biblia que habla de los eternos brazos de Dios que siempre están debajo de nosotros. Se imaginaba a Dios como el tradicional abuelo barbado y vestido de blanco y muchas veces se sentía transportada en sus seguros brazos. Su confianza infantil en un padre amoroso empezó a evaporarse cuando se impusieron ante ella las «realidades» de la vida; se convirtió en una *apática practicante* que apenas recordaba el misterio en que confiaba implícitamente de niña.

La vida adulta de Shoshana se pobló de obstáculos. Me explicó que una noche, cayó al suelo, desolada, y estaba emocionalmente tan exhausta, que sólo pudo decir: «Ayúdame, por favor, ayúdame». De repente la habitación se llenó con una presencia luminosa y, de su brillo, dos brazos más grandes que la vida, revestidos de un material dorado y diáfano, la levantaron y la abrazaron piadosamente. En su cabeza resonaba el mensaje: «Abajo están los eternos brazos».

Siéntate tranquilamente –si lo deseas, a la luz de una vela–, y respira profundamente. Con cada inspiración, imagina que inhalas aceptación. Cuando exhales intenta liberar cualquier recelo o reproche que hayas acumulado. Visualiza la aceptación inhalada suavizando y aliviando tu corazón. Arropado por la calidez de la tierna aceptación, percibe cómo tu corazón empieza a abrirse y curarse. Disfruta del agradable clima de aprobación por el que te dejas envolver.

Cuando caemos en un trecho espinoso del camino, es de sabios, no de débiles, buscar alivio y confiar nuestro corazón al Divino Misterio cuyos brazos guían y consuelan eternamente.

> *Dios está en cada brizna de aire que respiro.*
> *Abajo siempre están los brazos eternos.*

Desear desde el pozo

Amar es arriesgarse a perder, pero no amar es buscar la muerte emocional. Por ello, si elegimos *vivir* realmente, debemos aceptar cierto pesar. Nadie dice: «¡Oh, qué bien!, otra oportunidad para crecer», cuando se ve frente a la pérdida y el dolor; de hecho, nuestro principal deseo es evitar hundirnos en el pozo de la pena. Pero en ocasiones no tenemos elección. Y si en esos momentos difíciles no recurrimos al apoyo emocional, corremos del riesgo de cerrar nuestro corazón para escapar de la pena.

Cuando murió su joven marido, Glenna sintió que su vida también se había acabado. Durante varios meses el dolor la paralizó de tal modo que casi no podía limpiar la casa, ni mucho menos salir de ella. Se aisló de todo el mundo, física y emocionalmente. Exhausta, después de pasar una noche llorando, sin dormir, se «vio» acurrucada en posición fetal en una enorme campana de cristal. Dentro se sentía aislada, pero protejida, nadie podía alcanzarla para herirla; pero al mismo tiempo, estaba aprisionada en ella, incapaz de llegar a nadie.

Afortunadamente para Glenna, algunos amigos suyos siguieron golpeando su campana hasta que finalmente se avino a ir a una terapeuta. Con su ayuda, Glenna descubrió que el miedo de aceptar la muerte de su marido se basaba en su creencia de que se moriría literalmente de dolor. Eso le creaba tal ansiedad que le pareció que aislarse sería la única forma de sobrevivir. La terapeuta de Glenna la fue guiando delicadamente para que confiara en que aparte de la aflicción, la vida le deparaba más cosas. Cuando empezó a aceptarse a sí misma como persona fuerte y capaz de resistir la pena, Glenna pudo liberarse de la prisión de su emocional cuarentena; empezó a ayudarse y a buscar a los demás. Cuando confió en que podía aliviarse, empezó a mejorar.

En cada uno de nosotros hay un manantial de poderes curativos. Debemos confiar en que tenemos fuerzas para realizar nuestras tareas y que somos fuertes y resistentes, incluso cuando nos sentimos frágiles y vulnerables.

Tengo dentro de mí un manantial de curación.
Soy una superviviente.
Con la ayuda de Dios, que me da fuerzas,
puedo hacerlo todo.

Volver a plantarnos

La pérdida cambia el entorno y, por tanto, nos cambia. Es esencial que nos adaptemos a las nuevas condiciones volviéndonos a plantar, abonando la zarandeada flor que somos, después de un cambio traumático, de manera que las raíces puedan alcanzar más confianza y esperanza en nosotros y en nuestra habilidad para sobrevivir y salir adelante.

Después de la repentina muerte de su único hijo, Cathy se sentía como una planta a la que una bestia furiosa y malévola hubiese arrancado del suelo y siguiese zarandeándola violentamente mientras las desnudas raíces se debatían desprotegidas. La muerte de un hijo es una de las pérdidas más insoportables que se puedan experimentar y el proceso de trasplante después de semejante golpe puede ser dolorosamente lento, pero es posible. Cathy es un buen ejemplo de trasplante positivo. Empezó la profunda lucha por sobrevivir a la pérdida de su hijo buscando terapia inmediatamente después del funeral.

Consciente de que la muerte de su hijo había ejercido una tremenda presión sobre su matrimonio, Cathy convenció a su marido para acudir ambos a Compassionate Friends, un grupo de apoyo para padres con un hijo fallecido. Animados por los que habían experimentado un dolor similar, Cathy y su marido empezaron a comunicarse con más franqueza y sinceridad, y su relación se convirtió en una fuente de alivio para ambos.

Tómate unos momentos para imaginarte como una planta o una flor. Cierra los ojos y mira o siente el jardín o la maceta en la que estás. Como planta, ¿qué quieres o necesitas en mayor o menor cantidad?, ¿cómo te lo puedes proporcionar?

Merecemos bienestar y cuidado en nuestro propio lugar bajo el sol. Cuando se nos arranca de él, tenemos la fuerza y la sabiduría para volvernos a plantar de manera que nos podamos recuperar, enraizándonos firmemente en las nuevas circunstancias.

Confío en mi capacidad de curación.
Me cuido y protejo cuando mis raíces están
desprotegidas.
Vuelvo mi cara hacia el sol.

Sobrevivir a la noche del alma

La noche difumina las reveladoras esquinas del día, oscureciendo los familiares ganchos en los que colgamos nuestras fachadas. Despojados de las brillantes distracciones del día, la noche nos encuentra solos, y su negro espejo refleja y engrandece nuestras más hondas preocupaciones. En las profundas sombras de la noche debemos prevenir los caballos apocalípticos del aislamiento y el desespero, que pueden sustraernos de la fuerza del día y dejarnos en un pozo de implacable ansiedad y lástima de uno mismo.

Irónicamente, el sueño, que es un bálsamo y amigo bien recibido por los afligidos, a menudo nos evita en la oscura quietud de las primeras horas de la mañana, dejándonos incapaces de acallar el traqueteo de nuestro destrozado corazón. Se necesita mucho coraje para dejar caer la protectora concha de negación y exponer los puntos vulnerables a la desnuda verdad de la oscuridad sin sueño. De todos modos, para encarar la angustia de esas horas y experimentar el dolor que permite que la curación siga su curso, necesitamos respaldarnos.

Si te encuentras en la necesidad de sobrevivir a la ansiedad de la media noche, hazte un botiquín de supervivencia antes de ir a la cama. Si persiste el insomnio, podrás utilizarlo. Quizá te resulte reconfortante crear un santuario, un rincón acogedor en el que hayas puesto cosas que te alivien. Encender velas, escuchar cintas que te inspiren o te tranquilicen, escribir un diario, rezar, todo sirve para calmar el alma en la trémula soledad de una noche en blanco. Tú eres quien mejor sabe qué puede consolarte.

Si el miedo es un niño de noche, lo mismo puede decirse de la confianza y la esperanza. En el terciopelo del silencio El que consuela puede acercarse y sostenernos en un fuerte abrazo. En medio de nuestras noches más aterradoras, a menudo llega un Portador de Luz, que nos asegura que somos amados y protegidos.

La oscuridad exterior nos invita a ver la luz interior y recibir al que alivia, El que lleva la tranquilidad mental en una mano y la seguridad en la otra.

Incluso cuando soy incapaz de sentir su presencia, sé que Dios está conmigo. Tengo el coraje de abrirme camino entre mis pavores nocturnos hacia la curación. Estoy segura. Estoy protegida. Soy amada.

10. Confiar en lo femenino interior

Vivir es tan fascinante que queda poco tiempo para otra cosa.

Emily Dickinson

El nacimiento es una milagrosa afirmación de nuestra confianza en lo femenino. Después de todo, las mujeres tenemos el impresionante poder de aceptar e incorporar lo masculino y, juntos, crear vida. Creo que el miedo a ese maravilloso poder está en la base de nuestra desconfianza en lo femenino. Aceptar y respaldar ese poder es una tremenda responsabilidad.

Incluso si nunca dimos a luz un niño, con regularidad y naturalidad concebimos, alimentamos y damos a luz en nosotras y en los demás mediante el amor y el apoyo emocional. Al ser conscientes de que tenemos el poder y la sabiduría innata para generar vida espiritual, emocional y física, podemos confiar en lo femenino que llevamos dentro, sabiendo que desea y puede crearnos una vida equilibrada y armónica cuando nos decidamos a escuchar sus perspicaces consejos.

Lo auténticamente femenino, en su realidad más amplia, lo abarca todo, sintetizando lo divergente y lo similar, acogiendo en su pecho lo herido y lo sensato. Honra el todo y merece una confianza absoluta.

Honrar la parte femenina

El agua, el elemento más poderoso y adaptable, simboliza lo femenino: es fuerte, nunca renuncia a su objetivo de unirse con su origen, aunque es adaptable y creativa para poder llegar a su destino. El femenino es un camino de florecimiento y apertura del corazón en concierto con el flujo natural de la vida.

El actor Gary Busey me enseñó una valiosa lección que hace honor al rasgo femenino. Mientras rebobinaba mi cinta de vídeo de aerobic, conecté sin querer con una entrevista que transmitían por televisión, justo en el momento en que Gary comentaba que estuvo a punto de morir después de un accidente de moto. Con un hablar dulce y sincero, describió haber visto una luz increíblemente bonita desde la que tres seres andróginos le dijeron cariñosamente que la mayor tragedia no era la muerte, sino lo que muere en nosotros cuando vivimos. La entrevistadora, que se mostraba muy escéptica, le preguntó en qué había cambiado desde entonces, a lo que Gary respondió: «Me oriento más hacia el proceso, no tanto hacia la meta, y veo más el corazón de las personas y las situaciones». Al preguntarle la entrevistadora si ahora era más feliz, respondió sin titubear: «¡Muchísimo más, sin comparación!».

En otras palabras, Gary Busey fue catapultado desde la moto a una experiencia en la que aprendió a honrar su naturaleza femenina. Me quedé impresionada por la paz y la seguridad en sí mismo que ahora desprendía.

Visualízate como agua con mucha fuerza, aunque también flexible y adaptable. Piensa dónde estás ahora y adónde quieres ir. Absorbe los atributos femeninos del agua hasta que sientas que sois todo uno. Relájate sabiendo que, aunque temporalmente encuentres diques, *nada* te impide de modo permanente tu viaje hacia la unión con tu origen. Si el agua que imaginas no te parece bien –demasiado poderosa, sinuosa o estancada–, cámbiala. Puedes imaginar exactamente lo que quieras para tu parte femenina. ¿Qué «acuosidad» quieres aportar a tu vida diaria para expresar mejor tu feminidad?

Honro y respeto mi feminidad.
Puedo ser fuerte y flexible.
Confío en mi habilidad para fluir con la vida.

Descubrir la sorpresa
del erizo de mar

Al agitar un erizo de mar intacto, se oye un ruidito que indica que dentro hay alguna sorpresa escondida. Al abrir la concha se descubren cinco delicados objetos que parecen palomas o ángeles. Si la Madre Naturaleza dota infaliblemente al simple erizo de mar con ángeles, creo que no es excesivo confiar en que haga lo mismo con nosotros.

Aunque el erizo de mar es bonito cuando está entero, es aún más admirable cuando se rompe y nos muestra su sorpresa. Es bastante semejante a nosotros; aunque tengamos buen aspecto y nos desenvolvamos bien, a veces es necesario romper viejos esquemas para descubrir realmente las maravillas que encerramos.

Para facilitar el descubrimiento de nuestros tesoros ocultos, debemos examinar las zonas alrededor de las que hemos construído conchas protectoras, y desvelar los miedos que nos inducían a cubrirnos. Por ejemplo, por mi miedo al rechazo, solía ocultar mis opiniones si eran contrarias a las demás; otra mujer que conozco camufla su sensibilidad y vulnerabilidad detrás de una cortina de humo de humor cáustico.

Una de las cosas que puedes hacer para liberarte es

elaborar una lista de las formas en que te protejes. Piensa en las conchas que ocultas. Después, haz otra lista con los miedos que te hicieron sentir originariamente la necesidad de protección. Elige un miedo, cierra los ojos lentamente y concéntrate en él. Imagínate a la mujer o la niña que llevas dentro, que tiene ese miedo. Acéptala y acógela lo mejor que puedas. Si te resulta difícil, limítate a *estar* con ella, pidiendo aceptarla mejor día a día. Con el tiempo, repite esa meditación con los demás miedos, pues aceptando nuestras partes heridas, disolvemos sus defensas.

Todos tenemos dones y talentos que anhelan ser liberados para disfrutar de la ventaja de volar libremente.

Tengo la libertad de ser auténticamente yo.
Sé que tengo muchos dones y talentos
para compartir.

Redescubrir la admiración

¿Hasta qué punto estamos conscientes y despiertos? ¿Saboreamos el momento presente o lo desperdiciamos anticipándonos al mañana o temiéndole? Una de las cosas que nos aportan los niños es que nos recuerdan lo que es estar completamente presentes en el aquí y ahora. Dar un paseo con un niño nos reeduca para prestar toda nuestra atención en lo que nos fijamos.

Lo femenino que llevamos dentro resuena con la misma música milagrosa de los niños. Ama la belleza y las genuinas relaciones con la gente y saborea las cosas y las experiencias. Cuando recuperamos nuestra capacidad de asombro nos volvemos a poner en contacto con dos cualidades infantiles, la atención y la apreciación. Cuando les prestamos toda nuestra atención, los hechos y los sentimientos se vuelven especiales, incluso sagrados. La vida se convierte en una experiencia consciente completa cuando se compone de esos momentos especiales en los que somos auténticamente *reales* y estamos verdaderamente *presentes*.

Como experimento para volver a despertar al asombro, imagínate que tienes tres o cuatro años y te paseas media hora curioseando por tu jardín o por un parque. Si el tiempo no permite salir, da una vueltecita alrededor de casa. *Presta atención* a las texturas y las sorpresas agradables; percibe e incluso saborea cosas tan familiares que puedes no haberte fijado en ellas desde la última vez que limpiaste, o ni siquiera eso. *Ábrete* completamente al momento y a las aventuras que ofrece. *Despiértate* ante lo que te rodea. Piérdete en el aquí y ahora. Anímate a quedarte *asombrada* por la flor o el bicho más simple. Cierra los ojos y «mira» los objetos con tus otros sentidos. Disfruta y saborea lo que tu parte femenina infantil más aprecia.

Cuando nos damos cuenta de que la vida es demasiado preciosa como para recorrerla dormidos y aceptamos la necesidad de buscar tiempo para las admirables minucias, honramos lo femenino interior y el descuidado deseo de nuestra niña interior de permanecer despierta para asombrarse. Todo en la vida, incluso la dificultad, puede percibirse más fácilmente como milagroso y maravilloso cuando nos animamos a convertirnos en asombrosos.

> *Me detengo y tomo tiempo para apreciar*
> *las pequeñas maravillas de la vida.*
> *Invito a mi niña interior llena*
> *de admiración a que salga a jugar.*

Invitar al espíritu

El espíritu nos necesita, somos las ventanas por las que se expresa. Cuando desmantelamos nuestras barricadas hacia la espiritualidad, nos convertimos en avenidas, autopistas y calles del espíritu, sus mensajeros de amor y aceptación.

Aunque parezca paradójico, uno de los principales obstáculos que bloquean al espíritu para trabajar en nosotras es nuestra falta de amor propio. El espíritu puede desplazarse solo por un canal que tenga la profunda convicción de que vale y es capaz de esa misión.

Lo femenino interior lleva una llama intuitiva que ilumina el reconocimiento de nuestra innata valía. Sólo si escuchamos nuestra sabia naturaleza femenina podemos aceptar la petición del espíritu de utilizarnos siempre como vía.

Relájate en un lugar tranquilo y cómodo donde nadie te vaya a molestar. Durante unos minutos concéntrate en la respiración y, como plegaria o mantra di las palabras *abrirse* cuando inhalas y *al espíritu* cuando exhalas. Suavemente visualiza un entorno sereno que intuyas que para ti es un lugar de aprendizaje sagrado.

Luego, confiadamente, sin esfuerzo, invita a un símbolo del espíritu a unirse a ti. Si no te sientes totalmente cómoda con la imagen que aparece, no es la apropiada. Haz que se desvanezca y pide que emerja el símbolo adecuado.

Cuando estés satisfecha con tu símbolo, descansa en su presencia. Sumérgete en su amor incondicional. Cuando ya confíes más en tu espíritu, preséntale una de las partes más sombrías de ti, una parte de la que te avergüences o te irrite. Deja ese oscuro aspecto en manos del espíritu, para que lo bañe en la luz del reconocimiento incondicional. Ábrete todo lo que puedas para ver lo bueno enterrado en ese aspecto de ti y facilita así su transformación. Luego di adiós a tu espíritu, sabiendo que siempre estará disponible.

Somos facetas del Todo, fragmentos de lo Divino, cauces por los que la luz del espíritu desea brillar.

Merezco que el espíritu fluya a través de mí.
Soy una faceta de lo Divino por la que fluye
el amor.

Poseer nuestra herencia

Somos hijas de la generosidad de la vida, y estamos constantemente rodeadas por las muestras de altruismo de la Madre Tierra y por la miríada de presentes benefactores en el trabajo y las relaciones. Al nacer se nos confirió el gozoso derecho de reclamar esa generosa herencia. Katherine Mansfield resumía de esta bonita manera su aprecio: «Para mí, la vida nunca se convierte en un hábito, siempre es una maravilla».

Una de las principales claves para poseer nuestro benefactor legado es apreciar todo lo que tenemos, así como el privilegio de disfrutar. Puesto que la naturaleza femenina destaca por su capacidad de apreciación, una vez que nos enfocamos en esa dirección, podemos confiar en que se dará naturalmente.

Por supuesto siempre habrá cosas difíciles y dolorosas que no apreciemos, pero si nos quedamos tan absortas con ellas que no vemos las bendiciones, nuestra herencia queda sin reclamar y nuestra vida parece gris y empobrecida. Al contrario que las esponjas, somos responsables de lo que absorbemos. Podemos elegir encontrarlo todo horroroso o desbordarnos de gratitud y aprecio. Si nos concentramos en las pepitas de oro que ofrece la vida, sin hacer apenas caso a los trozos de carbón, nos sentiremos como una niña querida, no como una huérfana abandonada.

Obsérvate, sin ánimo de juicio. Evalúa honradamente tu actitud. La vida, ¿es una maravilla o una desgracia? ¿Ves el polvo en un rayo de sol o sientes su calor? ¿Son la mayoría de personas amistosas y reconocidas o pretenden sacarte algo? ¿Aprecias tu herencia –su variada abundancia física, emocional, mental y espiritual–, y consideras tus ventajas, o las rechazas y te centras en tus infortunios?

Durante un momento visualízate en una hermosa galería. Empieza a llenarla con una muestra de tus dones personales. Quizá tu gama incluya relaciones de solidaridad, buena salud, creencias espirituales, trabajo satisfactorio, flores preciosas, libros favoritos, ideas optimistas, tranquilidad mental y confianza en ti. Mientras elaboras cuidadosamente el descubrimiento de tu tesoro, agradece tu vasta herencia.

> *La vida es maravillosa conmigo.*
> *Doy las gracias por los regalos de la vida.*
> *Soy una amada niña del Misterio Universal.*

Aplicar nuestra sabiduría

Es cierto que la sabiduría se crea cuando se realizan fallos y se aprende de ello. No cabe duda de que la tríada probar-fracasar-conseguirlo nos induce a comprender mejor lo cierto, justo y duradero; pero también es indudable que tenemos una sabiduría natural en la que raras veces sabemos confiar. Una de las maneras más eficaces de descubrirla es reconocer y dejar que nos guíe esa sagaz vocecita.

Me llevó mucho tiempo confiar en mi sabiduría interior; una gran parte de mi camino hacia el amor propio consistió en escucharla y perdonarme por no haber hecho siempre caso de lo que *sabía* por intuición. Una de mis negaciones más dramáticas tuvo lugar el día de mis primeras nupcias, mientras avanzaba por el pasillo. Una sabia voz interior me avisaba: «Esto no es adecuado... No sé por qué, pero no lo es». Me pasé los siguientes doce años haciendo todo lo humanamente posible para demostrarme que estaba equivocada, pero fue en vano, pues finalmente nos divorciamos. Lo *sabía*, pero no escuché.

Dedícate unos minutos para animarte. Siéntate en un sitio cómodo y cierra los ojos suavemente. Al compás de tu respiración, repite la simple y profunda expresión «Sé». Prosigue durante unos minutos. Si notas que piensas en otra cosa, regresa delicadamente al «Sé».

En el paisaje de tu mente, imagínate en una exuberante pradera al pie de una montaña. Disfruta con las vistas y los olores hasta que el ruido del agua te guíe hacia la laderaa. Después de subirla sin esfuerzo llegas a una pequeña llanura en la que una fuente clara y regular fluye de la montaña hacia un estanque cristalino. Te sientes cómoda y en un lugar que te resulta familiar, te detienes y saboreas la frescura del aire y del agua. Bebes de la fuente y, entonces, te das cuenta de que dentro de ti hay una fuente comparable de sabiduría, constante, clara y sabia. Acepta y reconoce el conocimiento de tu manantial de sabiduría, dándole tu confianza.

¡Sabemos! Cuando tenemos el coraje de abrirnos y confiar sinceramente en nuestro femenino interior, *mujer* y *sabiduría* se convierten en sinónimos.

Confío en mi sabiduría interior.
Cada día soy más consciente de mi
sabiduría interior.

Reivindicar la bruja

Probablemente nuestros antepasados eran mucho más optimistas respecto a la vejez que nosotros, porque veneraban las virtudes que se adquieren con los años y la experiencia. Sus culturas dividían la vida de la mujer en tres fases: doncella, madre y bruja.

La bruja era la sabiduría personificada. Los antiguos veían en la capacidad de la mujer para tener niños, su vínculo con el sagrado ciclo de la vida y la muerte. Creían que una mujer retenía su sangre menstrual para crear una vida y que, cuando sus menstruaciones se detenían con la menopausia, las retenía para alumbrar sabiduría. La función de la bruja consistía en aceptar su sabiduría, extender su creatividad y compartir, especialmente con otras mujeres, el conocimiento que había cosechado en sus años de experiencia.

Nuestros antepasados respetaban a las brujas y confiaban en su consejo y sus directrices. Siguiendo su ejemplo, debemos reclamar ese respeto en nosotras. Cuando aceptemos y respetemos profundamente nuestra creatividad y sabiduría, los demás empezarán a considerarnos de forma natural como merecedoras de respeto.

Para mí, cumplir los cincuenta fue un paso tremendo en mi vida. Me propuse creer que tenía por lo menos un pie en el Anillo de la Sabiduría; cuando me tienta la duda, enseguida trato de recordar que mis años de experiencia y compromiso ahora me permiten poseer mi sabiduría. Si no puedo consolarme, llamo a la caballería, es decir, hablo con amigas que sé que creen en mí y también reclaman su sabiduría. Por mi parte, para tenerlo más presente, he enganchado por la casa unas divertidas tarjetas que dicen: «¡Cuidado, pasa la sabiduría!».

Se ha dicho que en la juventud aprendemos y en la vejez comprendemos. Podemos explotar la riqueza de nuestros años de experiencia si confiamos en que tenemos un enorme almacén de sabiduría y se nos invita a que lo compartamos con los demás. Con esa comprensión reivindicaremos nuestra bruja, en su forma más elevada.

> *Acepto mi sabiduría y la comparto*
> *con los demás.*
> *Me respeto a mí y a la sabiduría que he*
> *acumulado con la experiencia.*

Completar el círculo

La mujeres somos portadoras de la energía femenina del mundo. Debemos honrar lo femenino que hay en nosotras, tratar de que todo el mundo haga lo propio con lo femenino que hay en sí y en los demás. Debemos sentirnos felices de desempeñar la sagrada función de hacer avanzar, desde las sombras de la oscuridad, los principos femeninos de bondad, consideración y respeto, en nuestra vida personal y en el planeta, de modo que todos podamos pasar de la competencia y el caos a la cooperación y la compasión.

Tenemos el deber de completar el sagrado círculo de la ayuda aceptando las bendiciones y *convirtiéndonos* en una de ellas. Desde el punto de vista cultural y social se nos ha preparado para dar a los demás, pero para ser un eslabón íntegro y constructivo en la rueda de la vida, antes debemos completar en nosotras el círculo sagrado, *nutriéndonos* con los femeninos frutos de bondad, consideración y respeto. Desde una vasija llena de esos frutos, podremos verter libremente lo mejor de nosotras en el Todo, dando a Dios y a sus hijos la abundante cosecha de nuestro amor.

Tenemos la sagrada responsabilidad de prepararnos

para completar el círculo. Para ello pregúntate respetuosamente qué tipo de gracia quisieras ser. ¿Te estás ya favoreciendo así?; en caso contrario, ¿qué necesitas hacer para completar tu círculo interior? ¿Qué actitudes tuyas te gustaría cambiar? ¿Qué heridas necesitan cura? ¿Cómo debes compadecerte de ti? ¿Qué frutos necesitas poner confiadamente en tu vasija?

Al igual que cuando se tira una piedra a un estanque, cuando completamos nuestro círculo interior y nos convertimos en una bendición para nosotras, de nosotras surgirán círculos de bendiciones que alcanzarán a un sinfín de personas.

> *Me doy a mí como doy a los demás.*
> *Trato de ser una bendición de todas*
> *las maneras posibles.*
> *Soy una parte esencial del bienaventurado*
> *círculo en el que se da y se recibe.*

Abrazar al consorte

Todos deseamos y tratamos de conseguir armonía en la vida. Para ello primero debemos equilibrar nuestra doble naturaleza interior, creando un íntimo compañerismo igualitario entre las energías femeninas y masculinas que llevamos dentro. Un matrimonio sagrado que engendra a la persona íntegra.

Puesto que la sociedad ha ensalzado lo masculino declarándolo la forma *correcta* de estar en el mundo, primero debemos destronar nuestra energía masculina, reforzando y honrando nuestra parte femenina, instándola a ser nuestra principal influencia interior. Cuando somos fuertes y podemos abrazar, sin que nos arrolle, al consorte cerebro izquierdo de energía masculina, la feminidad y la masculinidad pueden compartir el trono del corazón, generando una síntesis entre los diferentes, aunque igualmente válidos, aspectos de nuestro ser.

A Barbara, víctima de un incesto, le costaba equilibrar sus energías masculinas y femeninas. Vacilaba entre vivir completamente en sus sentimientos y ser estoicamente rígida y controladora. Se sentía en una montaña rusa, con dificultades emocionales y prácticas. Una serie de sueños en los que daba a luz niños y sentía un amor ilimitado cuando los cuidaba y amamantaba ayudó a Barbara a curarse del miedo a los hombres que sentía desde su trauma infantil.

Con los sueños que le presentaba su sabio subconsciente, Barbara se dio cuenta de que una profunda parte de ella no había sido afectada por sus terribles experiencias con hombres, era un aspecto de ella que acogía y confiaba en las energías masculina y femenina. A partir de su sabiduría interior, Barbara empezó a equilibrar y armonizar sus aspectos masculinos y femeninos.

Al igual que Barbara, puedes sintonizar con tu parte masculina y femenina y equilibrarlas. Reconocer y escuchar nuestros aspectos masculinos y femeninos nos permite saber si nos resistimos a alguno de ellos. Si ése es tu caso, te sugiero encarecidamente que busques un terapeuta o un amigo que te ayude a confiar en ambos, a aceptar a la reina y al consorte interiores.

Abrazo mi energía masculina
con amor y aceptación.
Tengo equilibrio y armonía interior.

Respetar los ritos de iniciación

En los ritos de iniciación hay por lo menos dos elementos que están siempre presentes: un reto emocional y/o físico, y la intención de salir de lo viejo y entrar en lo nuevo. Puesto que, por naturaleza, la psique tiende al crecimiento y la integridad, consciente o inconscientemente favorecemeos constantemente esa evolución invitando a la iniciación a nuestra vida. Dejar el hogar familiar, ganarse la vida, enamorarse, casarse, tener un niño, enfermar o cuidar a un enfermo, o sobrevivir a la muerte de un ser querido, son iniciaciones que nos hieren y a su vez nos renuevan, nos incitan a cambiar, evolucionar, madurar, crecer, para convertirnos en lo mejor que podemos llegar a ser.

Si vamos arrastrados a una iniciación, llorando y pataleando, considerándola como un acontecimiento arbitrario sobre el que no tenemos poder, es que probablemente mal interpretamos nuestro instinto natural hacia la integridad y por ello nos perderemos el inapreciable aprendizaje que implica.

Nadie reclama ansiosamente un crecimiento que comporta dolor físico o emocional, pero si consideramos la iniciación como una oportunidad para volvernos mujeres más sabias o piadosas, curadoras heridas, que hacemos de la empatía y la comprensión la base de la energía curativa, nos identificaremos no tanto como víctimas, sino como estudiantes ansiosos por aprender todo lo posible en la vida. Si consideramos las iniciaciones como ritos sagrados de paso a la siguiente dimensión del desarrollo comprenderemos mejor que de la sangre de las heridas de la iniciación puede fluir una mayor compasión, sabiduría y fuerza.

Una forma efectiva y necesaria de reafirmarnos emocionalmente consiste en confiar en nuestra sabiduría innata, especialmente frente a las dificultades de las iniciaciones que nos alejan de las personas o las circunstancias que queremos. Si nos abrimos a todas las experiencias de la vida reforzaremos nuestra intuición para convertirnos en nuestra sabia soberana.

Si respetamos las iniciaciones y confiamos en las enseñanzas que aportan entraremos en comunión con la sabiduría colectiva y nos acercaremos a la integridad interior.

> *Acepto las iniciaciones que la vida me*
> *presenta y aprendo de ellas.*
> *Confío en crecer con el dolor*
> *de la iniciación.*

Recoger la cosecha
de la madurez

Cuando maduramos y nos desgarramos interiormente podemos recoger muchas bendiciones: tranquilidad mental, flexibilidad, confianza y aceptación, por mencionar sólo algunas. Al desarrollarnos, alcanzamos con frecuencia nuestro propio poder y dejamos de perder tiempo, energía y dinero en cosas que ya no nos satisfacen. Según el eminente psicólogo suizo Carl Jung, nuestra capacidad natural para hacer lo que elegimos en vez de lo que nos dicen, emerge con fuerza en la madurez, a menudo después de haber estado sumergida muchos años. ¡Menuda cosecha puede ser *eso*!

Aunque la edad no es el único factor determinante, la infinidad de experiencias que pasamos con la edad nos ofrecen numerosas posibilidades para volar hacia la madurez. Se dice que cuando la Bella Durmiente se despierta tiene casi cincuenta años. El escritor M. C. Richards tiene un maravilloso punto de vista de ese despertar: «El viejo dicho de que la vida empieza a los cuarenta tiene su razón. En la madurez se da un nacimiento natural de la personalidad que ha crecido en el espíritu. El principio generativo nunca cesa. Pasó mucho tiempo antes de que sintiese que volvían a nacer en mí las intuiciones naturales de la infancia, cuando la libertad es una lealtad para con la vida».

«La libertad es una lealtad para con la vida.» ¡Profunda observación! Cabe preguntarse si puede haber alguien más leal a la vida que las mujeres, que tenemos, de hecho, la capacidad de dar vida con el cuerpo. Lo femenino que hay en toda mujer conoce el ciclo de la vida desde un punto de vista primario y celular: *sabemos*, esperamos y confiamos. Por nuestra naturaleza cíclica, armonizamos con la tierra, la luna y el sol, al igual que la Madre Naturaleza armoniza con su propio ciclo de siembra, crecimiento y cosecha. Para nosotras es, pues, un salto natural buscar la armonía y agradecer el paso de los años, que implica un crecimiento de la libertad y la madurez.

Recojo con alegría la cosecha
de mi madurez.
Ahora soy productiva.
Hago lo que elijo hacer.

Dejar espacio en blanco

Cuando miramos nuestro calendario, ¿cuánto espacio vemos en blanco?, ¿tenemos tiempo sin programar o está repleto de compromisos, reuniones y citas? Si no disponemos de espacio en blanco en el que relajarnos y *ser*, llevamos una vida hiperexcitada, tanto que a veces hasta nos volvemos adictos a la intensidad, como los tiburones, que se mueven constantemente, incluso dormidos.

Las mujeres tenemos la habilidad de un experto malabarista. Es cierto que podemos sobrevivir manteniendo un increíble número de bolas en el aire, pero debemos preguntarnos si realmente avanzamos al hacerlo. Yo creo que no, porque la sabiduría y los significados sólo florecen en silencio. Las bendiciones afluyen hacia nosotras cuando nos cuidamos en la refrescante soledad.

La soledad brinda la oportunidad de saber qué sentimos y qué sabemos. Anne Morrow Lindbergh lo recalca, en *Gift from the Sea*, cuando dice: «La belleza florece porque sólo está enmarcada en el espacio. Solo en el espacio, los hechos, los objetos y las personas son únicas y significativas y, por tanto, bellas».

Si queremos sostenernos emocionalmente, debemos considerar prioritario disponer de espacios en blanco. En la intimidad del espacio en blanco el corazón se cura y se extiende. En la quietud del espacio en blanco podemos oír los apremiantes deseos de nuestra personalidad más elevada y recibir las misteriosas enseñanzas de nuestro interior femenino. La vida enmarcada con trozos de contemplación y soledad permite percibir mejor la propia personalidad y tener mayor tranquilidad mental. El introducir esas cualidades en nuestra vida diaria nos beneficia, a nosotras y a todos aquellos con quienes nos relacionamos.

Como prueba, permítete tomar diez minutos al día sólo para ti; diez minutos de soledad y silencio. No te preguntes cómo «utilizar» el tiempo; limítate a relajarte y estar tranquila. En la medida que puedas, amplía tus tiempos solitarios. Aunque otras demandas de tu tiempo sean más espectaculares, hazte el regalo de hacer caso de la petición de espacio en blanco por parte de tu personalidad más elevada; descansa y recupera tu vitalidad en el silencio. Es el momento de recoger los beneficios de la soledad.

Dejo espacio en blanco sólo para mí.
Descanso en silencio.
Me permito recoger la bendición de la soledad.

Transformar los miedos arquetípicos

Las mujeres buscamos una pertinente definición de lo femenino hoy en día. Revisamos cómo se ha considerado lo femenino en el pasado, y arrancamos los miedos individuales y colectivos respecto a lo que realmente puede significar para nosotras reafirmar y utilizar el poder femenino.

Muchos de nuestros miedos se basan en hechos. Los historiadores nos dicen que durante la inquisición española, en tres años quemaron a nueve millones de mujeres acusadas de brujería. Más tarde, en Estados Unidos, muchas mujeres de Nueva Inglaterra corrieron la misma suerte. En general, esos holocaustos dirigidos a personas de un sexo, se perpetraron contra mujeres perseguidas por sus curaciones, consejos y prácticas de comadrona. Las aniquilaban argumentando que su conocimiento y sabiduría –y, en algunos casos, su excentricidad– constituían un desafío para «los poderes establecidos».

Creo que no es de extrañar que dudemos en reafirmar y confiar en nuestra naturaleza femenina. La historia está salpicada de mensajes como: «La sabiduría se castiga con la muerte y tener poder es correr el riesgo a perder la vida». Nuestra respuesta subconsciente a eso muchas veces es el miedo a los poderes establecidos, tanto si se personifican en los hombres de nuestra vida, los jefes, el gobierno o incluso nuestro hijos.

Lo que los ejecutores iniciaron con la quema de brujas, lo hemos perpetuado con nuestros miedos arquetípicos y personales. Debemos sacar esos miedos a la luz, y analizarlos en función de su validez actual, sólo así los transformaremos.

Durante mi aprendizaje para ser realmente yo y confiar en mi sabiduría femenina, recuerdo que un día, cuando mi terapeuta me animó a ser franca con mis padres y mi marido, sobre temas que ya he olvidado, sollozando y temblando de miedo le dije: «¡No puedo hacer eso! ¡Me moriré si lo hago!». Finalmente encontré el camino a seguir; lo mismo puedes hacer tú.

*Analizo y transformo mis antiguos y
arquetípicos miedos, y me libero de ellos.
Estoy a salvo y protegida.
Soy sabia y fuerte.*

Dar la bienvenida a los ángeles

Luchar con los demonios es simple y a menudo nos parece más apropiado que abrazar a los ángeles. Parecemos determinadas a invitar al cuadrilátero de nuestra vida a los demonios del autodesprecio y de la incredulidad, permitiéndoles que nos tiren al suelo con alarmante regularidad. En cambio, cuando vienen a vernos los ángeles, como la sabiduría y la intuición, no creemos que sean reales ni que merezcamos que nos dediquen su tiempo.

Una de las principales razones por las que nos resulta mucho más fácil recibir a los demonios es porque se nos ha enseñado a creer en ellos; los demás confirman su existencia con expresiones como: «¡Qué idea más tonta!» o «¡Estás loca!». Aprendemos a aceptar que no somos inteligentes ni valemos la pena; puesto que nos resultan familiares, damos la bienvenida a esos demonios, representantes de nuestra personalidad más despreciada en nuestros sistemas de creencia.

Los ángeles, por otro lado, son emisarios de nuestra mejor personalidad, la esencia de nuestro ser, la destilación de la experiencia y del conocimiento innato. Son reales y necesitamos reafirmarnos aprendiendo a aceptar y confiar en su presencia, en lugar de negarlos y combatirlos cada vez que aparecen.

Tranquílizate y céntrate, relajando la mente todo lo que puedas. Imagínate que estás sentada en medio de una luz suave y cálida. Percibe cómo la absorbes con el cuerpo y el ser. En el límite de la luz hay un ángel de intuición y un demonio que te induce a dudar de ti misma. Familiarízate con ambos visitantes y luego insiste firmemente en que el demonio se desvaneza. Invita al ángel de la intuición a compartir contigo la calidez y la suavidad de la luz. Anímate a dar la bienvenida a ese símbolo de tu intuitiva feminidad interior.

Por nosotras y por aquellos con quienes nos relacionamos tenemos el deber de hacer honor a nuestros sabias y maravillosas cualidades femeninas, aceptando los aspectos de nuestra mejor personalidad y actuando de acuerdo con sus principios.

Me animo a creer en mis mejores
cualidades.
Recibo en mi conciencia a mis ángeles
de intuición y sabiduría.
Soy sabia.

Ejercer el poder suave

La primera vez que oí la expresión *poder suave* fue en boca de una joven y sabia herbolaria, estudiosa de los misterios femeninos. Aunque muchas veces efectúa trabajos ceremoniales con jóvenes que van a empezar a tener su menstruación, conocí a Gina en una celebración de un cincuenta aniversario, donde nos enseñó el camino para alegrarnos con esa transición de la mujer que la lleva de la maternidad a la brujería. Me conmovió el mensaje de Gina sobre la potencia, la gracia y la responsabilidad de tener el máximo poder femenino.

El verdadero poder femenino es suave, concebido para nutrir y curar, a nosotras, a los demás y al planeta en que vivimos. Con el pecho alimentamos y aliviamos a los hijos. Nuestra imagen ideal es como la del pecho, suave y, al mismo tiempo, fuerte, hermosa y milagrosa, capaz de proporcionar a la vez placer y sustento. Cuando las mujeres pasamos del malestar de negar y que se nos niegue nuestro poder personal, a aceptarlo y utilizarlo, debemos tener siempre en mente la más elevada concepción de ese poder.

Busca una vela que para ti simbolice lo femenino.

Cuando estés tranquila y nadie te moleste, enciende la vela y concéntrate en la llama. Relájate con su resplandor e invita a tu círculo de luz a un símbolo femenino de tu poder en su expresión más elevada.

Si el símbolo que aparece primero no te parece cariñoso y alentador, invítale a que se vaya. Céntrate otra vez en la llama de la vela y, cuando te sientas preparada, vuelve a formular la invitación. Relaciónate con el símbolo de tu poder femenino y disfruta de su sabiduría. Pídele que te ayude a ejercer con coherencia y amor tu genuino y suave poder. Cuando termina vuestro tiempo, ella te ofrece un regalo. Acéptalo convencida de que mereces recibirlo. Sostén el presente cerca del corazón, como una bendición y una afirmación de tu suave poder.

Recuerda que el poder de una mujer es restaurador, no destructivo. Con el genuino poder femenino podemos reconstruir, rellenar y renovar lo que se consume.

Acepto mi suave poder femenino.
Dedico mi poder a la propagación del amor.

Encender nuestra llama

Mientras meditaba a la luz de una vela que flotaba en una copa de vino iridiscente, me sorprendió la similitud entre esa vela y el potencial que todos tenemos flotando en nosotros. La promesa espiritual, nuestra única fuente de luz, espera el fuego. Tenemos las cerillas y de nosotros depende encender nuestra vela interior o dejarla flotando en las sombras.

Nuestro potencial espiritual esperará, porque es eterno. Pero probablemente nos sentiríamos mejor y más felices, desplegaríamos más nuestra auténtica personalidad, si en nuestras necesidades, alegrías y penas diarias nos alcanzase el calor de ese fuego interior.

Mientras contemplaba la vela flotante, me di cuenta de que con la vela encendida se notaban más las imperfecciones del cristal. Quizá los defectos destacados por la luz de la vela simbolizan que, incluso cuando se enciende la llama y se recorre conscientemente el camino hacia la iluminación, no se es perfecto. Tampoco hace falta serlo. Pero, si encendemos la llama interior, lo que sí conseguimos, es iluminar nuestra oscuridad.

Siéntate en un sitio cómodo y oscuro y enciende una vela. Observa relajadamente hasta dónde llega su luz. Fíjate en la delicadeza de los objetos que ilumina. Respira profundamente, cierra los ojos y déjalos flotar. Sin esforzarte, imagínate sentado en frente de una pequeña hoguera. El crepitar del fuego te produce una sensación de calidez y bienestar que te inunda los sentidos. Miras hacia abajo y ves una preciosa vela sobre una capa de terciopelo e intuitivamente sabes que son regalos para ti. Enciendes la vela en la hoguera, te envuelves seguro en la capa y descansas, mientras te renueva la vela mágica. Cuando te parezca bien, regresa lenta y cuidadosamente al presente, sabiendo que la llama que llevas es eterna.

Cuando encendemos conscientemente nuestra llama espiritual estamos en condiciones de proporcionar más genuinamente el calor y el bienestar del amor iluminado, tanto a nosotros como a los demás.

Soy un ser espiritual.
Tengo una vida interior radiante.

Ver la amistosa cara de Dios

Cuando éramos niñas, muchas creíamos que Dios era un hombre. Eso estaba muy bien si todos los hombres que conocíamos eran cariñosos y amables, pero, en caso contrario, nuestra visión de Dios era reducida y tergiversada. No pretendo *saber* realmente cómo es Dios, pero el corazón me dice que Dios es tan inmenso que no nos lo podemos imaginar. Creo que Dios incorpora todas las maravillosas cualidades inherentes a la mujer y al hombre, así como innumerables atributos que van más allá de nuestra capacidad de comprensión.

Me pregunto si a Dios realmente le preocupa cómo Le vemos; creo que lo que Le importa es que cuando nos volvemos hacia Él en busca de bienestar, amor y consejo, encontremos una cara *amistosa*. Me gusta pensar que Dios desea que nos sintamos tranquilas y seguras en Su Divina y Misteriosa Presencia.

Nuestra necesidad de contacto espiritual es mayor, incluso, que nuestra necesidad de relaciones personales. Pero sólo nos podemos unir de corazón con un Dios que nos inspire amor y amistad, no miedo. Hazte el impagable regalo de reflexionar sobre tu actual relación con Dios. Si tu conexión con lo Divino es próxima, cariñosa y amistosa, es maravillosa y estoy segura de que tu vida es una luz que inspira a los demás. Si quieres ver una cara amistosa cuando piensas en Dios, empieza por revisar tus más firmes creencias. ¿Crees que mereces la cariñosa atención de Dios? ¿Te da miedo o te resistes a la idea de un Dios? Cuando tratas de evocar una imagen de Dios, ¿qué aspecto tiene? ¿Qué hace falta para que tú y Dios seáis *amigos*?

La cara más amistosa de Dios vive en nuestro templo interior de aceptación y amor propio. Si somos amistosas con nosotras mismas, es más que probable que dejemos que Dios sea también amigo nuestro. Desde el espacio sagrado, Dios puede entrar en nosotras y, en estado de gracia, bendecir a todos los que se cruzan en nuestro camino.

Merezco el amor de Dios.
Invito a Dios a que me utilice para sus fines.
Dios es amor, y yo también.

Índice

Introducción   10

1. Tejer una red de seguridad   14
   Compartir raíces   16
   Suprimir la culpa   18
   Identificar nuestra forma
     de tratar los problemas   20
   Mimarnos   22
   Observar las señales físicas   24
   Moderar nuestra perfeccionista   26
   Aceptar la comprensión y el perdón   28
   Rehacernos   30
   Acoger a la extraña que hay en mí   32
   Las vacas sin rabo   34
   Nadar en aguas flotables   36
   Ponernos en el lugar del prójimo   38
   Pedir ayuda cuando
     nos sentimos en un pozo   40
   Prestarse al servicio   42
   Crear una casa segura   44

2. Entablar amistad con el miedo   46
   Los riesgos de una empresa   48
   Dar media vuelta cuando conviene   50
   Edificar sobre los pequeños logros   52
   Escalar las cimas   54
   Mover el caleidoscopio   56
   En busca del sagrado varón   58
   Vivir nuestro «Sí»   60
   Superar la ceguera ante un objetivo   62
   Estar cerca del corazón   64
   Remodelar al salvador   66
   Salir del nebuloso «algún día lo haré...» . .   68
   Transformar los tiranos interiores   70
   Diluirse en la disponibilidad   72

3. Convertirse en el padre que merecemos . .   74
   Acallar la voz crítica   76
   Vivir en el vecindario del señor Rogers . .   78
   Tachar la negatividad de la agenda   80
   Recuperar a nuestra niña natural   82
   Acentuar lo funcional   84
   Volver a enmarcar nuestra perspectiva . . .   86
   Completar las cosas que dejamos
     a medio hacer   88
   Ver a nuestros padres pequeños   90
   Interrumpir el ciclo de sacrificio   92
   Crear un nuevo mito familiar   94

Ser nuestra propia comadrona 96

Recuperar los sueños de la infancia 98

Excusar al jurado. 100

4. Aceptar vivir sin reprobaciones 102

Reconocer las situaciones áridas. 104

Poseer nuestra propia proyección 106

Arrojar el guante 108

Reconocer a quién pelea 110

Sé amable contigo y con los demás 112

Competir con nuestro caballero interior . . 114

Volar hacia la llama 116

Extraer las espinas. 118

Combatir la falta de respeto 120

Calmar el mar interior 122

Viajar en compañía y volar sola 124

Liberarnos de la dependencia. 126

Cultivar el desapego compasivo 128

Coser la manga deshilachada 130

Dejar atrás la vergüenza y la culpa 132

Aceptar nuestras
    personalidades anteriores. 134

Ser saludablemente egoísta 136

5. Encontrar la Libertad en
    los sentimientos honestos 138

Aceptar nuestras imperfecciones 140

Integrar el enojo   142
Descansar en la resistencia   144
Acordarse de respirar   146
Responder «¡Presente!»   148
Descubrir la riqueza de los sueños   150
Alimentar la auténtica personalidad   152
Especializarse en medio ambiente
    interior.   154
Sacar la caldera del fuego   156
No tratar de impedir la sombra   158
Transformar la emoción
    mediante el movimiento   160

6. Aceptar las circunstancias   162
Superar la dependencia de aprobación . . .   164
La disciplina como algo deseable   166
Sentarse cuando «no sabemos»   168
La liberación mediante el ritual   170
Aceptar quiénes somos   172
Hacer sacrificios   174
El desfile del cambio   176
Avanzar bajo la lluvia.   178

7. Cambiar lo que se puede cambiar   180
Asumir que somos responsables
    de nuestras actitudes   182
Cambiar el marco de la realidad   184

Encarar el cruce de caminos 186

Sacar la alegría del baúl 188

Construir nuestro propio sitio. 190

Colorear el blanco y negro 192

Observar y elevar los pensamientos. 194

Dejar la costumbre de preocuparnos 196

Domesticar el coyote en el gallinero 198

Condenar nuestra furia 200

Mantener las relaciones 202

8. Invitar a la abundancia 204

Entrar en la corriente 206

Desplegar las velas 208

Envejecer bien 210

Regodearnos con la vida 212

Besar la mano que nos alimenta 214

Alimentar el fuego de la creatividad 216

Convertirse en transmisor de gracia. 218

Volar con el viento a favor. 220

Levantar el vuelo desde el nido vacío . . . 222

9. Crecer con la pérdida . . . : 224

Reconocer el proceso del dolor. 226

Acunar un corazón aturdido. 228

Hacia el equilibrio y la armonía 230

Inspeccionar las mareas 232

Abrir la puerta al dolor 234

Darnos un respiro y aceptar que nos cuiden . 236
El dolor invita al amanecer 238
Descongelar un corazón congelado 240
Rendirse a la esperanza. 242
Encontrar consuelo en los brazos eternos . 244
Desear desde el pozo 246
Volver a plantarnos 248
Sobrevivir a la noche del alma 250

10. Confiar en lo femenino interior 252
Honrar la parte femenina 254
Descubrir la sorpresa del erizo de mar . . . 256
Redescubrir la admiración. 258
Invitar al espíritu. 260
Poseer nuestra herencia 262
Aplicar nuestra sabiduría 264
Reivindicar la bruja 266
Completar el círculo 268
Abrazar al consorte 270
Respetar los ritos de iniciación. 272
Recoger la cosecha de la madurez. 274
Dejar espacio en blanco 276
Transformar los miedos arquetípicos 278
Dar la bienvenida a nuestros ángeles 280
Ejercer el poder suave 282
Encender nuestra llama 284
Ver la amistosa cara de Dios 286